Claudia Larsen
Zoë Bee

Frauen
beten *anders*

fontis

INHALT

ÜBERRASCHEND, PRÄCHTIG, EINZIGARTIG

Vielleicht verspüren Sie auch manchmal einen Ruf in Ihrem Herzen – mal leise klopfend, mal hartnäckig einladend, mal zäh fordernd, zuweilen sogar ein klein wenig Angst machend und eine gewisse Unruhe stiftend. Bei uns war das so. Claudia hatte den starken inneren Impuls, betende Frauen zu fotografieren. Zoë drängte es, über das Leben gläubiger Frauen zu schreiben. Alleine oder zu zweit hätten wir das kaum geschafft. Aber mit Gott als Drittem im Bunde wurde es zu einem einmaligen Abenteuer. Auf wundersame Weise hat er uns im Hintergrund durch die achtzehn Monate der Buchentstehung gelotst: als ständiger Berater, Vernetzer und Türöffner.

Mit unserem Buch möchten wir zeigen, dass gläubige Frauen sehr wohl modern, interessant und attraktiv sind. Auf jeden Fall soll es ermutigen. Gerade auch all jene Frauen, die auf der Suche sind.

Einige der porträtierten Frauen waren uns vorher bereits bekannt, andere hatten wir zuvor noch nie gesehen. Wir vereinbarten mit den meisten ein Treffen in ihrem Zuhause. Bevor wir sie besucht haben, beteten wir, damit wir die richtigen Worte geschenkt bekamen und ein guter Redefluss entstehen würde. Wir wollten uns führen lassen. Und siehe da: Nach der Eingangsfrage sprudelten die Frauen meistens schon los wie gute alte Freundinnen. Einige vertrauten uns sogar Geheimnisse aus ihrem Leben an. Anschließend durften wir sie jeweils dort fotografieren, wo sie sich Gott am nächsten fühlen – an teilweise recht ungewöhnlichen Orten.

Die Idee war von Anfang an klar definiert: Wir wollten die Frauen dorthin mit der Kamera begleiten, wo sie am liebsten ihre Zwiesprache mit Gott pflegen. Für die meisten ist das ein ruhiges Plätzchen in ihrer Wohnung oder ihrem Haus. Andere aber führten uns auch hinaus in den Garten, auf einen See oder in die Natur hinein. Das war hochspannend!

Dass Frauen des Öfteren ein wenig anders beten als Männer, das weiß ja jeder, der schon in einer Gebetsrunde mit mehreren Leuten zusammen war. Männer beten oft in großen Zusammenhängen, beten großflächig um gutes Gelingen von Projekten, Ideen, Vernetzungen und Visionen, beten um erfolgreiche Unternehmungen, möchten greifbare Resultate sehen und am liebsten gleich Zeichen von Kraft und Macht aus den himmlischen Regionen erkennen können, möchten Gottes Eingreifen spüren, sehen, tasten, fassen, möchten unbedingt Teil der großen Geschichte und des großen Plans werden. (Oh, das sagen jetzt nicht wir; nein, das sagen die Männer über sich selbst!)

Frauen beten da oft empathischer, weicher, sensibler, auch beziehungsorientierter und aufmerksamer, gerade im Fein-strukturierten: Das Kind des Nachbars hat sich verletzt, eine Freundin hat keine Kraft mehr und lässt ihre Flügel hängen, die Lehrerin des Sohnes scheint entmutigt zu sein, die Operationsnarbe des Onkels schmerzt, eine Mutter im ersten Stock des Nebenhauses hat gestern geweint, niemand weiß wieso – möge Gott sie alle nicht alleinlassen und ihnen allen seinen Segen und seinen Trost schenken.

Auch diese Verschiedenartigkeit ist natürlich ein spannendes Kapitel und liefert Gesprächsstoff und Themen voller Humor sowie unzählige Aha-Erlebnisse für ganze Abende!

Frauen finden ihren Raum fürs Gebet angesichts der vielen Anforderungen vielleicht nur in wenigen ruhigen Momenten des Alltags: die einen beim Bügeln (haben wir fotografiert), die andern auf dem Hometrainer (haben wir fotografiert), die dritten in der Badewanne (haben wir nicht fotografiert; smile!). Eines war uns aber wichtig: Wir wollten die Frauen so darstellen, wie sie wirklich sind. Wir wollten keine Models erschaffen, sondern Lebenswirklichkeit abbilden. Et voilà, das Resultat liegt vor Ihnen!

Nach ein paar Monaten überlegten wir uns, welcher Verlag das Buch herausgeben sollte. Wir empfanden es als eine Eingebung, als wir uns an den Fontis-Verlag wandten. Auch das sollte sich als richtig erweisen. Der Verlag empfahl uns, mutig zu sein und Frauen jeder Herkunft und jeden Alters zu porträtieren. So umfasst das Buch nun 56 wunderschöne und sehr unterschiedliche «Liebesbriefe Gottes». Wir danken dem Verlag für seine großzügige Unterstützung, gerade auch bei der Buchgestaltung und bei der Vermitt-lung und der Zusammenarbeit mit den großartigen Grafikern Georg und Renate Lehmacher und ihrer Assistentin Stefanie Schwab.

Unser besonderer Dank gilt auch den porträtierten Frauen. Die Begegnungen mit ihnen haben uns tief berührt und auch verändert. Diese Frauen sind so vielfältig wie Gott: überraschend, prächtig und einzigartig. Mögen sie eine Ermutigung sein für die Menschen, die dieses Buch in die Hände nehmen und mit den Augen und – viel mehr noch – mit dem Herzen lesen.

Unser Vater im Himmel ist kreativ, humorvoll, geduldig und voller Wunder. Unser größter Dank gilt ihm. «Wir dürfen uns darauf verlassen, dass Gott unser Beten erhört, wenn wir ihn um etwas bitten, was seinem Willen entspricht. Und weil Gott solche Gebete ganz gewiss erhört, dürfen wir auch darauf vertrauen, dass er uns gibt, worum wir ihn bitten» *(1. Johannes 5,14–15; Hoffnung für alle)*. Sein Segen sei mit Ihnen!

Claudia Larsen und Zoë Bee

P.S. Es interessiert uns sehr, zu erfahren, was dieses Buch in Ihrem Leben und im Leben anderer ausgelöst und verändert hat. – Und: Wir kommen sehr gerne in Ihre Gemeinde für einen speziellen Anlass.

Für Kontakte, Lesungen und Events:
zoe.bee@satt.ch

Homepage Claudia: www.claudialarsen.ch

Homepage Zoë: www.satt.ch

CLAUDIA LARSEN,

FOTOGRAFIN 50

In meiner Ursprungsfamilie war Weiblichkeit verpönt. Das war hart für mich, denn ich wollte unbedingt Prinzessin sein. So wünschte ich mir einen Märchenprinzen, der mich befreit. Der tauchte tatsächlich auf und hat mir die materielle Welt zu Füßen gelegt. Dann fand ich einen Herzens-Prinzen, mit dem ich die bedingungslose Liebe entdeckte. Dank ihm habe ich meinen Traumberuf gefunden: Fotografin. So ganz richtig erfüllt fühle ich mich aber erst, seitdem ich die überwältigende Liebe Gottes kenne. Seither fühle ich mich unbeschreiblich geliebt. Das macht mich durch und durch glücklich und dankbar.

MEIN LIEBLINGSZITAT:

UND ES KAM DER TAG, DA DAS RISIKO, IN DER KNOSPE ZU VERHARREN, SCHMERZLICHER WURDE, ALS DAS RISIKO ZU BLÜHEN.

ANAIS NIN. AUS: «WEISST DU NICHT, WIE SCHÖN DU BIST?» VON STACY UND JOHN ELDREDGE

ZOË BEE, 58

Beruflich war ich erfolgreich, aber innerlich leer und haltlos. Als Suchende landete ich tief in der Esoterik und im Okkulten. Ich betete täglich zu Jesus und anderen Göttern und war überzeugt, dass ich gläubig sei. Als Medium hatte ich präzise Bilder. Wunder und Heilungen geschahen ebenfalls. Deshalb weiß ich: All diese Dinge funktionieren! Aber die Quelle ist falsch: Der Durst kann nicht bleibend gestillt werden, die Suche beginnt immer wieder aufs Neue. Nach einem absoluten Tiefpunkt bin ich endlich bei der Quelle angelangt, bei Jesus. Seither habe ich Frieden und wahrhaftige Ruhe gefunden. Ich bin angekommen.

LIEBLINGSGEBET VON ZOË:

«SEGNE MICH UND ERWEITERE MEIN GEBIET! STEH MIR BEI UND HALTE UNGLÜCK UND SCHMERZ VON MIR FERN!»

GEBET DES JABEZ AUS 1. CHRONIK 4,10; GUTE NACHRICHT

uf meine Löwenmähne war ich stolz, als Hairstylistin sowieso. Dann Brustkrebs, ich plötzlich ohne Haare, Wimpern und Brauen. Dafür mit Operation, Chemo und Bestrahlungen. Gesang und Gitarrenspiel sind auch gestrichen; geht nicht mit angegriffener Speiseröhre und zersetzten Fingernägeln. In den letzten, langen Monaten habe ich erlebt, dass wir alles haben können – aber wenn wir Jesu Liebe nicht haben, haben wir nichts. Und trotz Glauben können wir an Grenzen kommen. Doch weil ich glaube, gab ich nicht auf. Also musste noch etwas anderes kommen. Inzwischen wachsen die Locken nach, und ich lebe noch!

JACQUELINE E.

HAIRSTYLISTIN, WORSHIP-MUSIKERIN

48

MEIN GEBET:

HERR,

EGAL WAS AUCH GESCHIEHT, ICH SCHAUE AUF DICH, MEIN GOTT. MEINE HILFE KOMMT VON DIR. DU KENNST UND SIEHST MICH. OB ICH LEBE ODER STERBE, ICH BLEIBE FÜR IMMER BEI DIR. TRAGE MICH DURCH DIESES TAL DES TODES, DENN ICH ALLEIN VERMAG NICHTS UND HABE KEINE KRAFT.

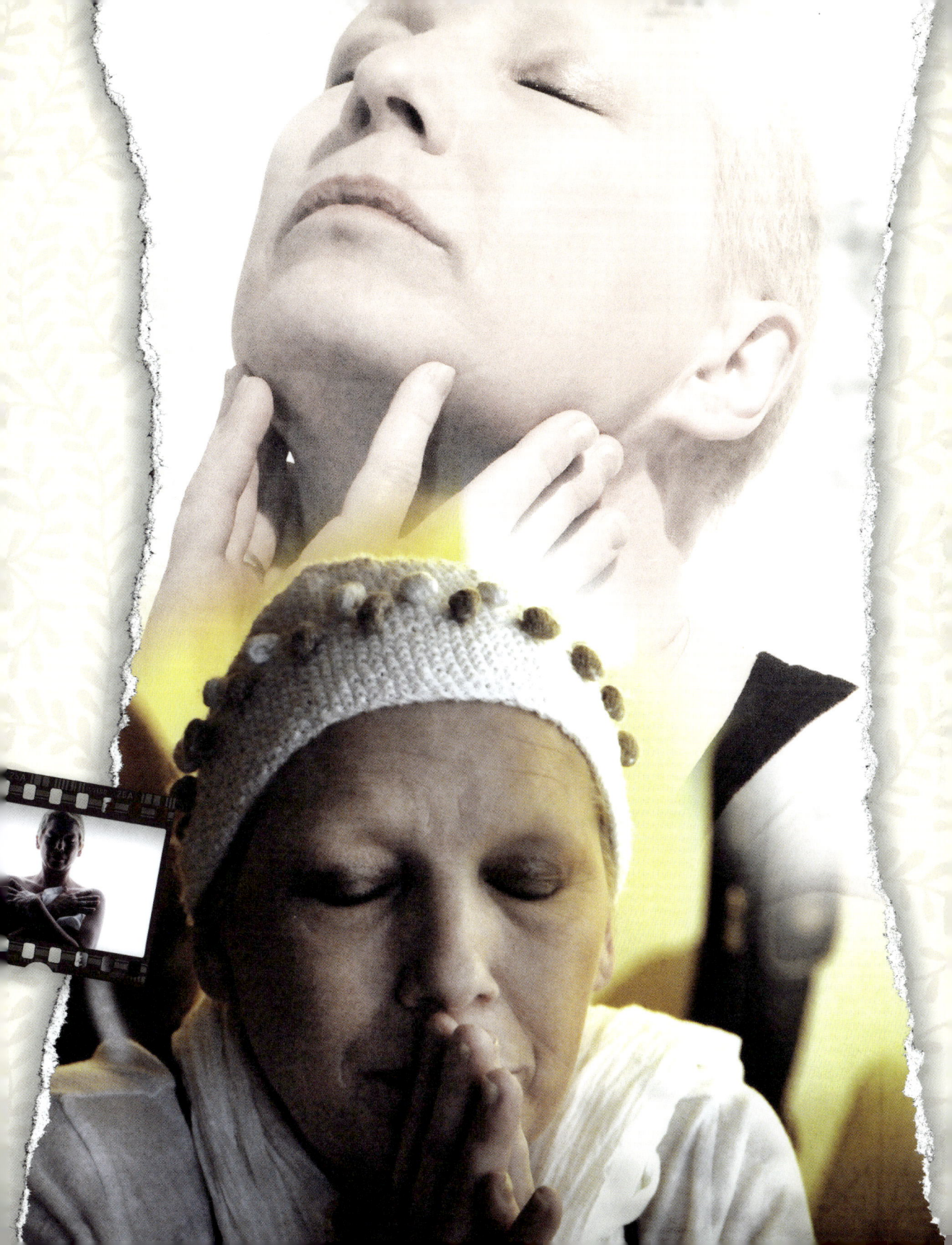

KATHRIN, 49

DIRECTOR OF MOMS BEI «PRAYER INTERNATIONAL IN EUROPE»

m absoluten Tiefpunkt erhielt ich den Bibelvers: «Ich, der Herr, werde euch immer und überall führen, auch im dürren Land werde ich euch satt machen und euch meine Kraft geben. Ihr werdet wie ein Garten sein, der immer genug Wasser hat, und wie eine Quelle, die niemals versiegt» (Jesaja 58,11; Gute Nachricht). Ich mit einem bösartigen Tumor sollte das glauben?! Nach einem kurzen Glaubenskampf mit Zweifeln und Auflehnung entschied ich mich, einfach zu glauben. Es war wie übers Wasser zu gehen, zaghaft, Schritt für Schritt. Heute bin ich vollständig geheilt:

THANK YOU, JESUS!

MEIN LIEBLINGSVERS:
«ES IST ABER DER GLAUBE EINE GEWISSE ZUVERSICHT DES, DAS MAN HOFFT, UND EIN NICHTZWEIFELN AN DEM, DAS MAN NICHT SIEHT.»

HEBRÄER 11,1; LUTHER 1912

MEIN GEBET:
HERR, ICH SAGE JA ZU DEINEM WORT, EGAL WIE MEINE SITUATION AUSSIEHT! ICH WILL DIR VERTRAUEN UND DURCH DEN GLAUBEN AN DEIN WORT DEINE REALITÄT IN MEINER REALITÄT ERLEBEN. ICH DANKE DIR FÜR DAS GESCHENK DES GLAUBENS, DEN DU IN MEIN HERZ GELEGT HAST. ICH LIEBE DICH!
AMEN.

13

LISA, 49

PFLEGEFACHFRAU, JOURNALISTIN, POLITIKERIN

DIESE WORTE BEGLEITEN MICH: «HABT IHR DENN NICHT GEHÖRT? HABT IHR NICHT BEGRIFFEN? DER HERR IST GOTT VON EWIGKEIT ZU EWIGKEIT, SEINE MACHT REICHT ÜBER DIE GANZE ERDE; ER HAT SIE GESCHAFFEN! ER WIRD NICHT

MÜDE, SEINE KRAFT LÄSST NICHT NACH; SEINE WEISHEIT IST TIEF UND UNERSCHÖPFLICH. ER GIBT DEN MÜDEN KRAFT, UND DIE SCHWACHEN MACHT ER STARK. SELBST JUNGE LEUTE WERDEN KRAFTLOS, DIE STÄRKSTEN ERLAHMEN. ABER ALLE,

DIE AUF DEN HERRN VERTRAUEN, BEKOMMEN IMMER WIEDER NEUE KRAFT. ES WACHSEN IHNEN FLÜGEL WIE DEM ADLER. SIE GEHEN UND WERDEN NICHT MÜDE, SIE LAUFEN UND BRECHEN NICHT ZUSAMMEN.»
JESAJA 40.28–31: GUTE NACHRICHT

Nach unserem Haus geht der Weg noch etwas weiter, dann ist er für Autos zu Ende. Mehrmals in meinem Leben dachte ich, dass mein Weg zu Ende ist. Doch er ging weiter, trotzdem, und auch tief beglückend. Ohne die kräftige Hand von Jesus hätte ich es kaum geschafft. Während vieler Jahre lernte ich, welche Falten im Leben kein Bügeleisen flachbügeln kann und bei welchen sich der Einsatz lohnt. Mein Dampf kommt definitiv von oben, es ist der Heilige Geist. Dieser Dampf gibt mir immer wieder Kraft.

ine gewisse Ordnung ist bei vier Kindern wichtig. Deshalb vier akkurat ausgerichtete Zahnbürsten in vier nebeneinander aufgestellten Bechern, vier Kleiderhaken mit unterschiedlich großen Jacken und vier wartende Aufgabenplätze. Noch wichtiger ist aber, die Verschiedenartigkeit unserer Kinder wahrzunehmen, statt sie kaputtzutreten. Erziehung ist wie ein Tanz, mal gibt ein Elternteil nach, mal das Kind. Bei vier pubertierenden Jugendlichen stehen Diskussionen über Jungfräulichkeit bis zur Ehe versus Antibaby-Pille und ausgelebter Sexualität auf der Tagesordnung.

MANUELA, 42

TEXTILASSISTENTIN, TEILZEIT-ANGESTELLTE

MEIN LIEBLINGSVERS:
«DER HERR, DEIN GOTT, IST IN DEINER MITTE; ER IST STARK UND HILFT DIR! VON GANZEM HERZEN FREUT ER SICH ÜBER DICH. WEIL ER DICH LIEBT, REDET ER NICHT LÄNGER ÜBER DEINE SCHULD. JA, ER JUBELT, WENN ER AN DICH DENKT!»
NACH ZEFANIA 3,17

MEINE BEIDEN TROSTSPENDER
WÄHREND DES BURNOUTS:

«SEID NICHT BEKÜMMERT; DENN DIE
FREUDE AM HERRN IST EURE STÄRKE.»
NEHEMIA 8,10; LUTHER

«SEI NUN WIEDER ZUFRIEDEN, MEINE
SEELE; DENN DER HERR TUT DIR
GUTES.»
PSALM 116,7; LUTHER

I ch hatte ein Burnout. Tat zu vieles, was sich mit meiner Leidenschaft nicht vertrug. Zu oft Ja, zu selten Nein. Zu viel Antrieb aus dem Kopf, zu wenig aus dem Herzen. Heute prüfe ich alles zuerst im Gebet und im Herzen. Wenn kein Ja leuchtet, lehne ich ab, auch wenn das bei den andern keine Freudensprünge auslöst. Der Wechsel in einen kreativen Beruf gehörte auch dazu. Mein Traum ist ein eigener Laden mit Kleidern und Kaffee. Ein gemütlicher Ort zum Runterfahren und Friedenfinden. Ich möchte, dass die Menschen neugierig werden auf das, was ich habe und sie nicht.

MIRJAM, 25

KAUFMÄNNISCHE ANGESTELLTE, MODEDESIGNERIN IN AUSBILDUNG

SYLVIA, 37

GRAFIKDESIGNERIN, SELBSTÄNDIGE GRAFIKERIN UND KUNSTMALERIN

Seit ich Gott kenne, feiere ich jeden Tag meinen geheimen Geburtstag. Diese Erfahrung ist das größte und schönste Geschenk meines Lebens. Und dann die Tatsache, dass er mich durch und durch liebt! In Matthäus 10,30 steht: «Selbst die Haare auf deinem Kopf sind gezählt.» Das bedeutet aber auch, wenn wir uns selber ablehnen oder Minderwertigkeitsgefühle nähren, zweifeln wir an Gottes Können und lehnen ihn ab. Solches liegt mir fern. Ich will in Dankbarkeit und in Wertschätzung weiterwachsen, denn Jesus ist mein Vorbild.

MEIN LIEBLINGSVERS:

«DU MENSCH, VERGISS NICHT, WER DU BIST! DU KANNST DIR DOCH NICHT HERAUSNEHMEN, GOTT ZU KRITISIEREN. SAGT VIELLEICHT EIN GEBILDE AUS TON ZU SEINEM BILDNER: ‹WARUM HAST DU MICH SO GEMACHT?›»
RÖMER 9,20; GUTE NACHRICHT

MEIN GEBET:
LIEBER VATER,
ICH DANKE DIR, DASS DU MICH SO ERSTAUNLICH
UND WUNDERBAR ERSCHAFFEN HAST.
DASS DU ALLE MEINE TAGE IN DEIN BUCH GESCHRIEBEN HAST.
DASS DU WEISST, WANN ICH SITZE UND WANN ICH AUFSTEHE.
DASS DU MIT ALL MEINEN WEGEN VERTRAUT BIST.
DASS DU MICH SCHON IMMER GELIEBT HAST.
HILF MIR, DICH AUCH SO ZU LIEBEN, WIE DU MICH LIEBST. AMEN.

21

VERONIKA,

KATHOLISCHE FREELANCE-SCHWESTER

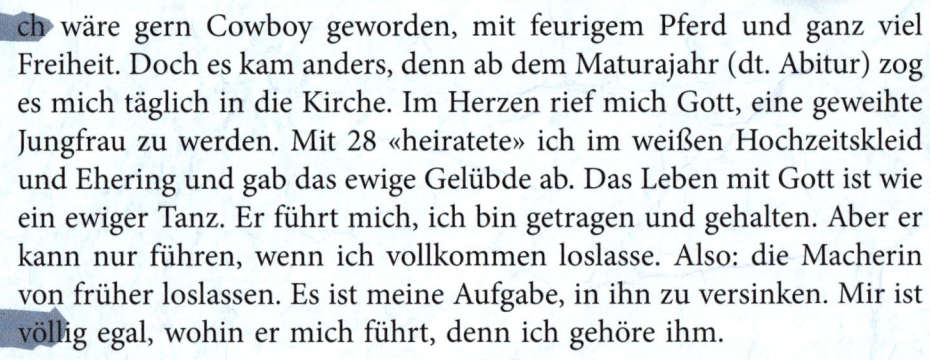

WAS MICH BESCHÄFTIGT:
WER LOSLÄSST, WIRD GEHALTEN.
NUR WER LOSLÄSST,
WIRD GEHALTEN.
GEHALTEN WIRD, WER LOSLÄSST.
LOSLASSEN — WAS?

Ich wäre gern Cowboy geworden, mit feurigem Pferd und ganz viel Freiheit. Doch es kam anders, denn ab dem Maturajahr (dt. Abitur) zog es mich täglich in die Kirche. Im Herzen rief mich Gott, eine geweihte Jungfrau zu werden. Mit 28 «heiratete» ich im weißen Hochzeitskleid und Ehering und gab das ewige Gelübde ab. Das Leben mit Gott ist wie ein ewiger Tanz. Er führt mich, ich bin getragen und gehalten. Aber er kann nur führen, wenn ich vollkommen loslasse. Also: die Macherin von früher loslassen. Es ist meine Aufgabe, in ihn zu versinken. Mir ist völlig egal, wohin er mich führt, denn ich gehöre ihm.

24

HEIDI

WIE ICH BETE:

1. FÜRBITTE
2. ANBETUNG
3. DANK
4. LOBPREIS

EIN GEBETSBEISPIEL:
HERR, FÜR DICH GIBT ES KEINE PENSIONIERUNG; ZEIG UNS ÄLTEREN MENSCHEN, WO WIR GEBRAUCHT WERDEN, DAMIT WIR AN LEIB, SEELE UND GEIST HEIL UND WENDIG WERDEN UND BLEIBEN. ICH BETE DICH AN, DENN DU BIST DER VOLLKOMMENE VATER, UND ALLES GUTE KOMMT VON DIR. DANKE FÜR DEINE UNENDLICHE LIEBE UND GNADE, DIE DU UNS UNAUFHÖRLICH SCHENKST. LOB UND PREIS SEI DIR IN EWIGKEIT.

ereits als 14-Jährige habe ich für die Heilsarmee-Offiziersschule unterschrieben. Ich traf diese Entscheidung ganz alleine und ohne persönliche Beziehung zu Jesus. Aber in meinem Herzen wusste ich, dass ich diesen Weg gehen will. Als ich sogenannt «eingereiht» wurde, schluchzte ich trotzdem, denn alles musste abgegeben werden. Ich befürchtete: «Ab jetzt bestimmen andere über mich.» Doch bald darauf lernte ich den wahren «Bestimmer» kennen. Dank ihm bereue ich keinen Tag meines Lebens; ich würde alles wieder so leben wollen.

78 KINDERKRANKENSCHWESTER, HEILSARMEE-OFFIZIERIN IM RUHESTAND

SONJA, 34

MASTERSTUDIENGANG UMWELTNATURWISSENSCHAFTEN

In wenigen Wochen kommt unser fünftes Kind zur Welt. Mit den Augen der «Welt» gesehen muss der Gürtel mit jedem Kind enger geschnallt werden. Aber wir erleben das Gegenteil: Gottes Versorgung nimmt mit jedem Kind zu. Ein Beispiel: Vor einem Jahr erkrankte unser Zweitältester, und zwar lebensgefährlich. Mein Mann war an der Arbeit, ich am Stillen, ich war überfordert. So schrie ich zu Gott, flehte um Hilfe. Eine Frau meldete sich: «Ich bin Köchin, und ich werde zu Hause vor Langeweile fast depressiv. Darf ich für euch gratis kochen und einkaufen?»

MEIN GEBET:
HIMMLISCHER VATER! WIR NEHMEN ALLE ASPEKTE IN ANSPRUCH, DIE ZU EINEM LEBEN IM BUND MIT DIR GEHÖREN. ALSO AUCH, DASS DU UNS BEFÄHIGST, WOHLSTAND AUFZUBAUEN, DAMIT WIR GEMÄSS 5. MOSE 8,18 VIELE MENSCHEN DAMIT SEGNEN KÖNNEN: «SO GEDENKE DOCH AN DEN HERRN, DEINEN GOTT – DENN ER IST ES, DER DIR KRAFT GIBT, SOLCHEN REICHTUM ZU ERWERBEN –, DAMIT ER SEINEN BUND AUFRECHTERHÄLT, DEN ER DEINEN VÄTERN GESCHWOREN HAT, WIE ES HEUTE GESCHIEHT.»

27

Meine Kindheit war traumatisch und ich verängstigt. Dann fand ich zu Jesus, und der Heilige Geist kam über mich: Mein Glaube flammte auf, die Bibel wurde ab da lebensnotwendig und jeder Buchstabe lebendig. Ich schwebte auf Wolke 7. Doch plötzlich plagten mich wieder alte Ängste. Wie konnte das sein, Jesus hatte mich doch erlöst?! Die Antwort fand ich in einer anderen Gemeinde. Die predigte einen Jesus voller Gnade, Liebe und Heilung! Bisher hatte ich eher gesetzlich geglaubt. Doch nebst diesem «göttlichen Intensivkurs» durchlebte ich auch sehr schwere Zeiten, insbesondere wegen zwei bösartigen Brusttumoren.

MEIN TAUFSPRUCH:

ICH ERHIELT IHN NACH MEINER ERSTEN KREBSDIAGNOSE. ER WAR MEIN TRÖSTER, AUFERBAUER UND BEGLEITER: «JESUS ABER SAGTE ZU IHR: MEINE TOCHTER, DEIN GLAUBE HAT DIR GEHOLFEN. GEH IN FRIEDEN! DU SOLLST VON DEINEM LEIDEN GEHEILT SEIN» (NACH MARKUS 5,34).

SIRPA, 58
PHYSIOTHERAPEUTIN

29

LILLY, 51

FAMILIENFRAU

MEIN GEBET:
HIMMLISCHER VATER, AUCH ICH HABE FALSCHE ÜBERZEUGUNGEN. AUCH ICH GLAUBE DINGE AUS GEWOHNHEIT, ÜBERHEBLICHKEIT UND WEIL «ES SO IST». HERR, DECKE DIESE DINGE AUF, RÜTTLE AN DIESEN FESTUNGEN, BIS SIE IN SICH ZUSAMMENFALLEN UND VERSCHWINDEN. ICH WILL FREI SEIN VON ALLEM, WAS ZWISCHEN DIR UND MIR LIEGT. ICH WILL FREI SEIN FÜR DEINE WAHRHEIT, DENN DU ALLEIN BIST DAS LEBEN, DER WEG UND DIE WAHRHEIT.

Ich war stets der Meinung: «Wenn es einen Gott gäbe, wäre die Welt nicht so böse, wie sie ist.» Wer blockiert ist, hinterfragt seine Meinung nicht. Und blendet auch alles aus, was dem widersprechen würde. Doch dann wurde unser Sohn gläubig … In mir rumorte es. Er begann von einem liebenden Gott zu erzählen, der all das Schlechte und Traurige auf der Welt zulässt, weil wir Menschen die freie Wahl haben, uns für oder gegen ihn zu entscheiden. Solange wir uns nicht bewusst für Gott entscheiden, seien wir gegen ihn. Langsam begann ich zu verstehen. Mein Herz öffnete sich, und ich sagte: «Ja, ich will!»

BEATRICE, 69

PENSIONIERTE DIREKTORIN

MEIN GEBET:
DER HERR IST MEIN HIRTE, MIR WIRD NICHTS MANGELN. ER WEIDET MICH AUF GRÜNEN AUEN UND FÜHRT MICH ZU STILLEN WASSERN. ER ERQUICKT MEINE SEELE; ER FÜHRT MICH AUF RECHTER STRASSE UM SEINES NAMENS WILLEN. UND WENN ICH AUCH WANDERTE DURCHS TAL DER TODESSCHATTEN, SO FÜRCHTE ICH KEIN UNGLÜCK, DENN DU BIST BEI MIR; DEIN STECKEN UND DEIN STAB, DIE TRÖSTEN MICH. DU BEREITEST VOR MIR EINEN TISCH ANGESICHTS MEINER FEINDE. DU HAST MEIN HAUPT MIT ÖL GESALBT; MEIN BECHER FLIESST ÜBER. NUR GÜTE UND GNADE WERDEN MIR FOLGEN MEIN LEBEN LANG, UND ICH WERDE BLEIBEN IM HAUS DES HERRN IMMERDAR.
NACH PSALM 23

ngerechtigkeit bringt mich auf die Palme. Allerdings widerfuhr mir selber vor Jahren in der Liebe eine herbe Ungerechtigkeit, die mir sehr zu schaffen machte. In dieser äußerst schweren «Verdauungszeit» habe ich erlebt, dass es Gott wirklich gibt, denn Er erhört Gebete. Wunder sind Realität, die Gegenwart Jesu ist spürbar, und die Bibel ist wahr! Ich bin Gott enorm dankbar, dass er mein Leben in neue, gute Bahnen gelenkt hat. Er hat auch mein Herz geheilt, so dass weder Bitterkeit noch Selbstmitleid sich einnisten konnten. Und er gab mir «Schönheit statt Asche und Freudenöl statt Trauer», wie es im Lied heißt.

Mein Traumberuf als Teenie war Doppelagentin. Später war ich extrem untreu, obwohl ich treu sein wollte. Ich führte eine Art Doppelleben und fiel immer tiefer. Verzweifelt schlug ich zu später Stunde in einem Hotel die Bibel auf und las die Geschichte der Ehebrecherin, zu der Jesus sagte: «Geh hinfort und sündige nicht mehr.» Einer starken Eingebung folgend beschloss ich, das jetzt zu tun: «Jesus, wenn Du so bist, wie es hier steht, dann gebe ich Dir mein Leben und folge Dir!» Das war vor über zehn Jahren. Heute bin ich verheiratet, Mutter von vier Kindern, treu und emigriert in «heiliger Mission» nach Amerika.

MEIN GEBET:

HEILIGER GEIST, ERFÜLLE MICH UND LEHRE MICH, SO DASS ICH DURCH UND DURCH WAHR WERDE. KEIN DOPPELSPIEL, KEINE SCHEINHEILIGKEIT, KEIN SÜSSHOLZRASPELN, SONDERN EIN WAHRES, AUFRECHTES, GERADLINIGES, REDLICHES LEBEN WILL ICH LEBEN. – DIR ZUR EHRE. ICH WILL DIR FOLGEN, DU BIST MEIN VORBILD UND ICH DEINE NACHFOLGERIN.

MEIN LIEBLINGSVERS:

«ICH BAUE NICHT AUF DAS SICHTBARE, SONDERN AUF DAS, WAS JETZT NOCH NIEMAND SEHEN KANN. DENN WAS WIR JETZT SEHEN, BESTEHT NUR EINE GEWISSE ZEIT. DAS UNSICHTBARE ABER BLEIBT EWIG BESTEHEN.»
2. KORINTHER 4,18; GUTE NACHRICHT

it einer gewissen Skepsis stand ich vor einem wunderschönen Kreuz und betete ein wenig trotzig: «So, Jesus, wenn es dich wirklich gibt, dann gib mir ein neues Herz!» Darauf habe ich ganz real gespürt, wie er mein zerbrochenes Herz packte und es aus mir herausriss. Die Zeit schien still zu stehen. Ich durchlebte unbeschreibliche Gefühle in einer für mich ganz neuen Intensität. Nach dieser unendlich langen Zeit wurde es in mir drin ganz still und friedlich. Ich war gefüllt mit einer völlig neuen, ungewohnten Wärme und tiefstem Glücksgefühl. Seit diesem Augenblick wohnt Jesus in mir.

INES, 50

LEITENDE ANGESTELLTE

MEIN GEBET:

ICH DANKE DIR, JESUS, DASS DU MIR EIN NEUES HERZ SCHENKST. DASS DU MEIN ALTES, ZERBROCHENES, ENTTÄUSCHTES, VERBITTERTES, SCHMERZERFÜLLTES HERZ HERAUSNIMMST UND EIN GOLDENES HERZ VOLLER LIEBE, FRIEDEN, MITGEFÜHL UND BARMHERZIGKEIT SCHENKST. ERFÜLLE MICH MIT DEINEM HEILIGEN GEIST UND LEHRE MICH, NACH DEINEM HERZEN ZU LEBEN, ZU DENKEN UND ZU FÜHLEN.

VICKY, 23

MARKETING-ASSISTENTIN

Jemandem zu vertrauen braucht Überwindung. Wenn man es tut und dann enttäuscht wird, ist es besonders hart. Mir ist genau das passiert, und ich hatte einige Zeit daran zu nagen. Es war in einem völlig unerwarteten Moment, als ich mein Leben Jesus anvertraute. Ich tat dies im Beisein eines Missionars, dem ich vertraute. Tags darauf war er betrunken, redete komisch daher und wollte mich begrapschen. Dass dies ein Gottesmann tat, enttäuschte mich – ein Freak, als Christ verkleidet. Es war jedoch eine unerwartete Chance, Vergebung zu lernen.

LIEBER GOTT,
LEHRE MICH, NICHTS VON
DEN MENSCHEN ZU ERWARTEN
UND DAFÜR ALLES VON DIR.
HILF MIR, MICH GANZ AUF
DICH AUSZURICHTEN UND DIR
MEIN LEBEN VORBEHALTLOS ZU SCHENKEN.
LEHRE MICH, DIR FÜR ALLES
IN MEINEM ALLTAG VOLLKOMMEN
ZU VERTRAUEN.
LEITE UND BESCHÜTZE MICH.
AMEN.

Wenn ich früher die Treppen hoch- und runterhüpfte, sprach Gott zu mir. Heute ist es beim Autofahren. Und da ich ausgiebig hinter dem Steuerrad sitze … Gottes Stimme nehme ich als eindeutiges, inneres Gefühl wahr. Er weiß, dass er kerzengerade zu mir sprechen muss, damit ich mir nicht einrede, ich hätte es mir eingebildet. Viele haben Mühe damit, wenn ich sage: «Gott hat mir gesagt …» Auch ich frage mich manchmal, warum Gott das gesagt haben sollte und wieso gerade mir? Das ist nicht immer einfach auszuhalten. Manchmal sagt Gott mir auch: «Da hast du einen Fehler gemacht.»

SARA, 25

CHEF DE SERVICE

DANKE JESUS, DASS DU GEMEINSCHAFT MIT MIR HABEN WILLST. DASS DU MICH LIEBST UND DICH FÜR ALLES INTERESSIERST, WAS MICH BETRIFFT. SPRICH ZU MIR, UND ZWAR SO, DASS ICH DICH HÖRE. ÖFFNE MEINEN GEIST, MEINE OHREN, MEIN HERZ, MEINE SINNE, SO DASS ICH DICH HÖRE, FÜHLE UND WAHRNEHME. UND LEHRE MICH ZU UNTERSCHEIDEN, WAS DEINE STIMME IST UND WAS NICHT.

AUS MEINEM GEBETSTAGEBUCH:

30. JULI 2013, DIENSTAG 8.51 UHR

GEHE IN MEINEM FRIEDEN. GLAUBE MIR. GEHE MIT MEINER
HOFFNUNG. VERLIERE NIE DEIN VERTRAUEN IN MICH.
ICH UMGEBE DICH VON ALLEN SEITEN. ICH BEHÜTE DICH.
ICH DRÜCKE DICH WIE EIN SIEGEL AN MEIN HERZ. –
INNERES BILD DAZU: ICH SITZE DIR ZU FÜSSEN WIE MARIA.

ANNEMARIE, 71

PENSIONIERTE MANAGERIN

Ich liebe es, ganz still auf meinem Lieblingsplatz zu sitzen und einfach nur auf Gott zu hören. Dann lasse ich alles los, jeden Gedanken, einfach alles. An manchen Tagen geht es besser, an andern ist es ein kleiner Kampf. Ich lege mein Schreibbüchlein auf die Knie und dazu einen Stift. Wenn ich dann ganz ruhig bin, beginne ich zu schreiben. Ohne zu überlegen. Ich schreibe einfach, immer weiter und weiter. Manchmal kommt auch nichts. Das sind ganz intime Begegnungen mit Gott, in denen er sehr konkrete Antworten gibt. Ich habe noch nie jemand anderem daraus vorgelesen, das ist heute eine Premiere.

JULIE, 32

BACHELOR IN LITERATUR UND WIRTSCHAFT

In meiner Familie in Südkorea war Gott nie ein Thema. Aber als ich mit zwölf in Kanada im Sprachurlaub war, erzählte mir meine Großmutter von Jesus. Darauf entschied ich mich, Christin zu werden. Seit ein paar Jahren lebe ich hier in Europa und spreche mittlerweile auch die Sprache. Leider plagen mich immer wieder Panikattacken. Medikamente halfen mir bisher nicht wirklich, die Seelsorge hingegen schon. Trotzdem sind die Attacken nicht ganz weg. Ich weiß, Jesus hat die passende Lösung und Heilung für mich, denn die Bibel ist Medizin für Körper und Seele.

MEIN GEBET:

HIMMLISCHER VATER,
SEI DU MEINE MEDIZIN FÜR LEIB, SEELE UND GEIST. BITTE HEILE MICH! STELLE IN MEINEM KÖRPER, MEINER SEELE UND IN MEINEM GEIST WIEDER DEINE URSPRÜNGLICHE, HEILE SCHÖPFUNGSORDNUNG HER. NIMM ALLES WEG, WAS BEI MIR FALSCH GEWACHSEN IST. ERNEUERE MICH. ERFÜLLE MICH MIT GLAUBEN, VERTRAUEN UND DEINEM HEILIGEN GEIST. LASS DEINEN ATEM DURCH MICH FLIESSEN, SO DASS ICH DA WIEDERGEBOREN WERDE, WO JETZT DIE KRANKHEIT SITZT. AMEN.

op vorbereitet nahm ich 2009 als eine der Medaillenanwärterinnen an der Weltmeisterschaft in Korea teil. Doch sehr früh schied ich völlig unerwartet aus. Ich lag weinend im Bett und klagte Gott meine Riesenenttäuschung. Dann ließ ich mich in seine Arme fallen und schlief ein. Am nächsten Tag fuhr ich nur durchschnittlich, die Hoffnung auf eine Medaille wich endgültig. Aber am Folgetag gewann ich überraschenderweise die Qualifikation, konnte den Schalter drehen und wurde Weltmeisterin im Riesenslalom! Gott hat mich stark und unbezwingbar gemacht, das war sein Riesengeschenk! Seine Wege sind so überraschend.

FRÄNZI, 32

SNOWBOARD-PROFI, WELLNESSTRAINERIN, SPORTMENTORIN

MEIN LIEBLINGSVERS:
«HABE ICH DIR NICHT GEBOTEN: SEI STARK UND MUTIG? ERSCHRICK NICHT UND FÜRCHTE DICH NICHT! DENN MIT DIR IST DER HERR, DEIN GOTT, WO IMMER DU GEHST.»
NACH JOSUA 1,9

GRACE

DESSOUS-SHOP-
MANAGERIN

eine Eltern waren restlos überfordert mit mir. So kam ich mit
zwölf Jahren in eine christliche
Großfamilie. Dort habe ich Jesus
kennen gelernt. Aber die Beziehung und der Glaube waren noch
nicht so tief und stabil, so dass
ich mich eine Zeitlang wieder von Gott entfernte. Heute bin ich
Jesus näher denn je. Morgens stehe ich extra früher auf, damit
ich viel Zeit zum Bibellesen habe. Die Bibel kommt überall mit,
sogar zur Arbeit. Auch mache ich regelmäßig einen Jesus-Abend,
bereite einen besonders schönen Tisch vor und decke auch für
ihn einen Platz. Und dann wird gefeiert, gesungen, gebetet!

MEIN LIEBLINGSVERS:
«JESUS SPRICHT ... ICH BIN DER WEG UND
DIE WAHRHEIT UND DAS LEBEN; NIEMAND
KOMMT ZUM VATER DENN DURCH MICH.»
JOHANNES 14,6; LUTHER

49

Mein Start ins Leben war nicht optimal, ich war ein verlassenes und abgelehntes Kleinkind. So baute ich einen dicken Schutzpanzer um meine Seele. Als ich mich später bekehrte, blieb dieser Persönlichkeitsteil völlig unberührt. Jesus löste zwar viele meiner Probleme, aber in meiner Gefühlswelt blieb es dunkel. Als die frühkindliche Verlassenheit sich mit heftigen Depressionen zurückmeldete, ahnte ich, dass das Kind in mir Heilung brauchte. Es wurde viel für mich gebetet. Schließlich begann Jesus, den Schutzpanzer aufzuweichen. In mir wurde es warm und hell, ein Wunder! Dafür bin ich Jesus unendlich dankbar.

KLARA, 65

PENSIONIERTE HEILPÄDAGOGIN

BECKY, 32

KAUFMÄNNISCHE ANGESTELLTE, SCHNEIDERIN IN AUSBILDUNG

Mit 26 Jahren lernte ich meinen Mann kennen. Damals beteten wir: «Himmlischer Vater, führe uns, wir möchten etwas für Dich tun; das Getue am Sonntagmorgen genügt uns nicht.» So wurden wir an den Ort unserer Berufung geführt: die Heavy-Metal-Szene. Wir gehen zu den Konzerten, um eine Beziehung zu den Konzertbesuchern aufzubauen. Es ist unser Wunsch, den «Metallern» die Liebe Gottes weiterzugeben, mit ihnen zu beten und die schwarzen Metal-Bibeln vom christlichen Metalnetzwerk zu verschenken.

MEIN LIEBLINGSZITAT:
ICH BIN BERUFEN, ETWAS ZU TUN ODER ZU SEIN,
WOFÜR KEIN ANDERER BERUFEN IST.
ICH HABE EINEN PLATZ IN GOTTES PLAN AUF ERDEN,
DEN KEIN ANDERER HAT.
GOTT KENNT MICH UND RUFT MICH BEI MEINEM NAMEN.
KARDINAL JOHN HENRY NEWMAN, 1801–1890

MEIN GEBET:
HIMMLISCHER VATER, ÖFFNE MIR DAS INNERE AUGE, DAMIT
ICH SEHE, WELCHE HOFFNUNG DU MIR GEGEBEN HAST UND ZU
WELCH GROSSARTIGEM ZIEL DU MICH BERUFEN HAST.
NACH EPHESER 1.18

DANIA, 34

GESTALTERIN FACHBEREICH ILLUSTRATION UND COMIC

Meine Arbeit bezeichne ich als «tätige Nächstenliebe». Nachdem ich mein Studium beendet hatte, fragte ich einen Profi, wie man vorgeht, um Comic-Bücher zu zeichnen: «Nimm Themen, die dir selber wichtig sind, und zeichne sie. Das hat Kraft.» Diese Antwort befolge ich seither. So sind mehrere Präventionsbücher zu Themen wie sexueller Missbrauch, Alkoholismus und Jugendsuizid entstanden. Momentan arbeite ich an einem Buch über religiösen Missbrauch, auch ganz happig. Das Schöne ist, dass die Maxime dieses Profis auch auf den Glauben und das Leben ganz allgemein übertragen werden kann.

SEGENSGEBET, DAS MIR LIEB IST:

DER HERR SEI VOR DIR, UM DIR DEN RECHTEN WEG ZU ZEIGEN.
DER HERR SEI NEBEN DIR, UM DICH IN DIE ARME ZU SCHLIESSEN
UND DICH ZU SCHÜTZEN.
DER HERR SEI HINTER DIR, UM DICH ZU BEWAHREN
VOR DER HEIMTÜCKE BÖSER MENSCHEN.
DER HERR SEI UNTER DIR, UM DICH AUFZUFANGEN, WENN DU FÄLLST,
UM DICH AUS DER SCHLINGE ZU ZIEHEN.
DER HERR SEI IN DIR, UM DICH ZU TRÖSTEN, WENN DU TRAURIG BIST.
DER HERR SEI UM DICH HERUM, UM DICH ZU VERTEIDIGEN,
WENN ANDERE ÜBER DICH HERFALLEN.
DER HERR SEI ÜBER DIR, UM DICH ZU SEGNEN.
SO SEGNE DICH DER GÜTIGE GOTT.
SEDULIUS CAELIUS

eit neun unendlich langen Monaten liege ich ununterbrochen im Bett; ich kann nicht mal sitzen. Doch bald werde ich am Rücken operiert. Hoffentlich kann ich danach wieder normal leben, meine sechsköpfige Familie braucht mich doch. Diese Abhängigkeit ist unerträglich. Ich arbeitete so gern, dass ich locker über zwei Stunden Arbeitsweg auf mich nahm. Als die Schmerzen begannen, biss ich auf die Zähne, bis ich zusammenklappte. Trotz meiner jetzigen Situation schickt Gott mir Menschen, für die ich bete und denen ich Mut zuspreche. Meine bedingungslose, unendliche Liebe zu meinem himmlischen Vater und das Gebet erhalten mich am Leben.

MEINE LIEBLINGSVERSE:

«ABER IN ALL DIESEM SIND WIR SIEGREICH DURCH DEN, DER UNS GELIEBT HAT. DENN ICH BIN ÜBERZEUGT: WEDER TOD NOCH LEBEN, WEDER ENGEL NOCH HERRSCHAFTEN, WEDER GEGENWÄRTIGES NOCH ZUKÜNFTIGES, ÜBERHAUPT KEINE MÄCHTE, WEDER HÖHE NOCH TIEFE, NOCH IRGENDEIN ANDERES GESCHÖPF WIRD UNS JEMALS VON DER LIEBE GOTTES IN CHRISTUS JESUS, UNSEREM HERRN, TRENNEN KÖNNEN.»
NACH RÖMER 8,37–39

Wer will, der findet WEGE,
Wer nicht will, der findet Gründe..

Der Samariter zog zwei Silbergroschen heraus, gab sie dem Wirt und sprach: Pflege ihn; und wenn du mehr ausgibst, will ich dir's bezahlen, wenn ich wiederkomme. *Lukas 10,35*

Was ich den Nächsten hier getan, das siehst du, mein Erlöser, an, als hätt ich's von diesen, das siehst du, mein Erlöser, an, als hätt ich's dir erwiesen. Und ich, ich soll ein Mensch noch sein und Gott in Brüdern nicht erfreun? *Christian Fürchtegott Gellert* 798,6

Römer 8,7–11 2. Johannes 1–6

16. Freitag Erfreue mich wieder mit deiner Hilfe und mit einem willigen Geist rüste mich aus

Gott gebe euch viel Barmherzigkeit und Liebe!

Gott, wir kommen vor...
ns täglich in 4...

Für mich gibt es sozusagen keine Geheimnisse, aber meine Körpergröße gebe ich nicht preis. Es gibt Tage, da habe ich Mühe, die neugierigen Blicke zu ertragen. Zum Glück weiß ich, dass ich in Jesus groß bin, das tröstet mich. Ich wurde in Bangladesch geboren. Die Eltern starben sehr früh. Danach wurden meine Schwester und ich adoptiert und kamen hierher. Dank dieser Familie haben wir zum Glauben gefunden, aber ansonsten war es hart. In meinem Schrebergarten fühle ich mich geborgen und Gott sehr nah. Ich staune immer wieder über die Vielfalt an Farben und Formen in der Natur, die er geschaffen hat.

MEINE LIEBLINGSVERSE:

«FRAG DIE TIERE, SIE WERDEN DICH LEHREN. FRAG DIE VÖGEL AM HIMMEL, SIE VERRATEN ES DIR. RICHTE DEINE GEDANKEN AUF DIE ERDE, SIE WIRD DICH UNTERWEISEN. AUCH DIE FISCHE IM MEER WERDEN ES DIR ERZÄHLEN. SIE ALLE WISSEN, DASS DER HERR SIE GESCHAFFEN HAT. DENN DAS LEBEN EINES JEDEN GESCHÖPFES UND DER ATEM JEDES MENSCHEN LIEGT IN SEINER HAND.»
HIOB 12,7–10; NEUES LEBEN

MELINA, 46

FACHVERKÄUFERIN

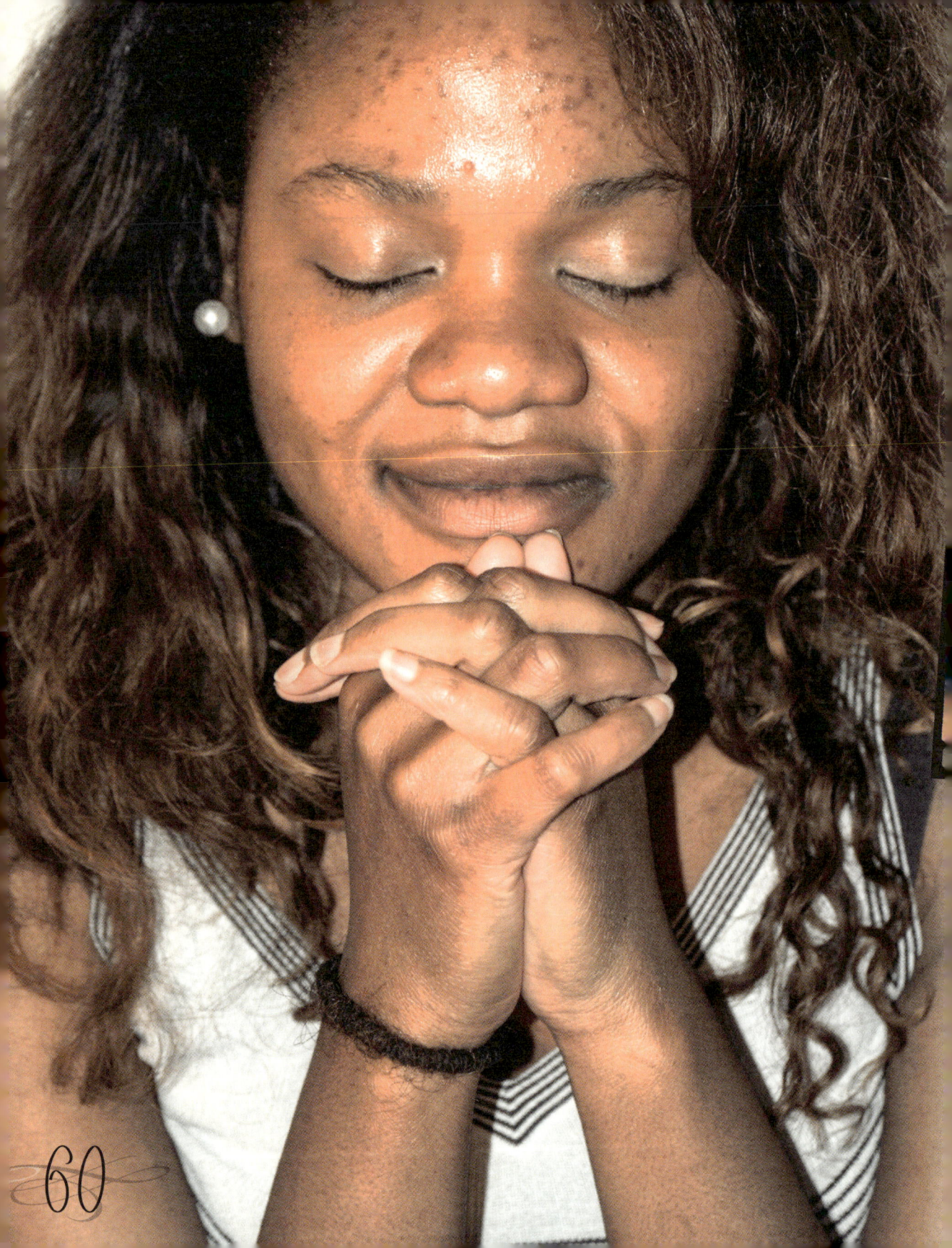

EWANDE, 22
FACHFRAU KINDERBETREUUNG

Ich bin erst seit ein paar Monaten gläubig. Den ersten Schritt machte mein Freund. Vorher hat er jahrelang gekifft; ich bin auch reingerutscht. Dann begann er die Bibel zu lesen und wurde durch Gebet von einem Tag auf den andern drogenfrei. Mein Bruder ist auch gläubig, aber Moslem. Wir diskutieren oft und manchmal auch heftig über den Islam und das Christentum. Er geht manchmal in die Kirche, um Fakten gegen die Christen zu sammeln. Trotzdem glaube ich, dass Gott auch da eingreifen und ein Wunder bewirken wird, wie er es auch bei der Drogensucht meines Freundes getan hat. Ich bete dafür.

MEINE LIEBLINGSVERSE:
«DIE LIEBE IST LANGMÜTIG UND FREUNDLICH, DIE LIEBE EIFERT NICHT, DIE LIEBE TREIBT NICHT MUTWILLEN, SIE BLÄHT SICH NICHT AUF, SIE VERHÄLT SICH NICHT UNGEHÖRIG, SIE SUCHT NICHT DAS IHRE, SIE LÄSST SICH NICHT ERBITTERN, SIE RECHNET DAS BÖSE NICHT ZU, SIE FREUT SICH NICHT ÜBER DIE UNGERECHTIGKEIT, SIE FREUT SICH ABER AN DER WAHRHEIT; SIE ERTRÄGT ALLES, SIE GLAUBT ALLES, SIE HOFFT ALLES, SIE DULDET ALLES. DIE LIEBE HÖRT NIEMALS AUF.»
1. KORINTHER 13,4–8; LUTHER

61

PHILOMÈNE

49

Ich bin katholisch aufgewachsen, in Brazaville im Kongo. Mit zwanzig war ich bei einem Evangelisationsanlass. Die Frau erzählte in Suaheli, was sie alles mit Jesus erlebt hat. Ich spürte: «Wow, Jesus ist wirklich lebendig, auch heute noch!» Dezidiert schmiss ich mein bisheriges Leben in einen Abfallkübel. Seither steht Jesus ganz zuoberst. Was ich auch tue, denke und fühle, soll ihm gefallen. Beispielsweise hätte ich gerne einen Ehemann. Seit einiger Zeit habe ich einen sehr lieben Freund. Wir teilen alles außer das Bett. Auch wenn ich ihn sehr liebe, steht Gott immer an allererster Stelle. In diesem Punkt gibt es keine Kompromisse.

MEIN GEBET:
ABBA, CHER PAPA, ICH LIEBE DICH, UND AUCH WENN ICH MANCHMAL ANDERES MÖCHTE, WILL ICH DEINEN WILLEN TUN, DENN DU BIST MEIN ALLES. DU BIST DER ERRETTER UND HEILER MEINER SEELE. DU HAST MIR EIN NEUES LEBEN GESCHENKT UND ERFÜLLST UND LEITEST MICH MIT DEINEM HEILIGEN GEIST. SEGNE MICH UND MEINE LIEBEN, UMHÜLLE UNS MIT DEINER SCHÜTZENDEN LIEBE! SCHENKE UNS DEINE WEISHEIT, DAMIT WIR UNS SO VERHALTEN, DASS DEIN HERZ FROHLOCKT. AMEN.

63

uf der Flucht aus Sri Lanka wurde mir als 19-Jährige eine tamilische Bibel geschenkt. Sie zu lesen gab mir Kraft und Halt. Zu Hause hatte meine Familie einen eigenen Hindu-Tempel. Wir führten Opfergaben und Zeremonien durch und beteten viele Götter an. Dadurch wurde die Familie verflucht: Kinderlosigkeit, Alkohol, früher Tod. In der Bibel in den «Chroniken» ist die Geschichte Israels protokolliert. Wenn sie Gott anbeteten, waren sie gesegnet. Wenn nicht, wurde es hart. Ich möchte verhindern, dass mein heutiges Gastland das gleiche Schicksal ereilt, weil es fremden Religionen und Tempelbauten unbedacht Platz einräumt.

DIESER BIBELTEXT BESCHÄFTIGT MICH:

«DANN GAB GOTT DEM VOLK SEINE GEBOTE. ER SAGTE: ‹ICH BIN DER HERR, DEIN GOTT! ICH HABE DICH AUS ÄGYPTEN HERAUSGEFÜHRT, ICH HABE DICH AUS DER SKLAVEREI BEFREIT. DU SOLLST KEINE ANDEREN GÖTTER NEBEN MIR HABEN. DU SOLLST DIR KEIN GOTTESBILD ANFERTIGEN. MACH DIR ÜBERHAUPT KEIN ABBILD VON IRGENDETWAS IM HIMMEL, AUF DER ERDE ODER IM MEER. WIRF DICH NICHT VOR FREMDEN GÖTTERN NIEDER UND DIENE IHNEN NICHT. DENN ICH, DER HERR, DEIN GOTT, BIN EIN LEIDENSCHAFTLICH LIEBENDER GOTT UND ERWARTE AUCH VON DIR UNGETEILTE LIEBE. WENN SICH JEMAND VON MIR ABWENDET, DANN ZIEHE ICH DAFÜR NOCH SEINE NACHKOMMEN ZUR RECHENSCHAFT BIS IN DIE DRITTE UND VIERTE GENERATION. WENN MICH ABER JEMAND LIEBT UND MEINE GEBOTE BEFOLGT, DANN ERWEISE ICH AUCH NOCH SEINEN NACHKOMMEN LIEBE UND TREUE, UND DAS ÜBER TAUSENDE VON GENERATIONEN HIN.›»
NACH 2. MOSE 20,1–6

CHANDRA,
HILFSKÖCHIN

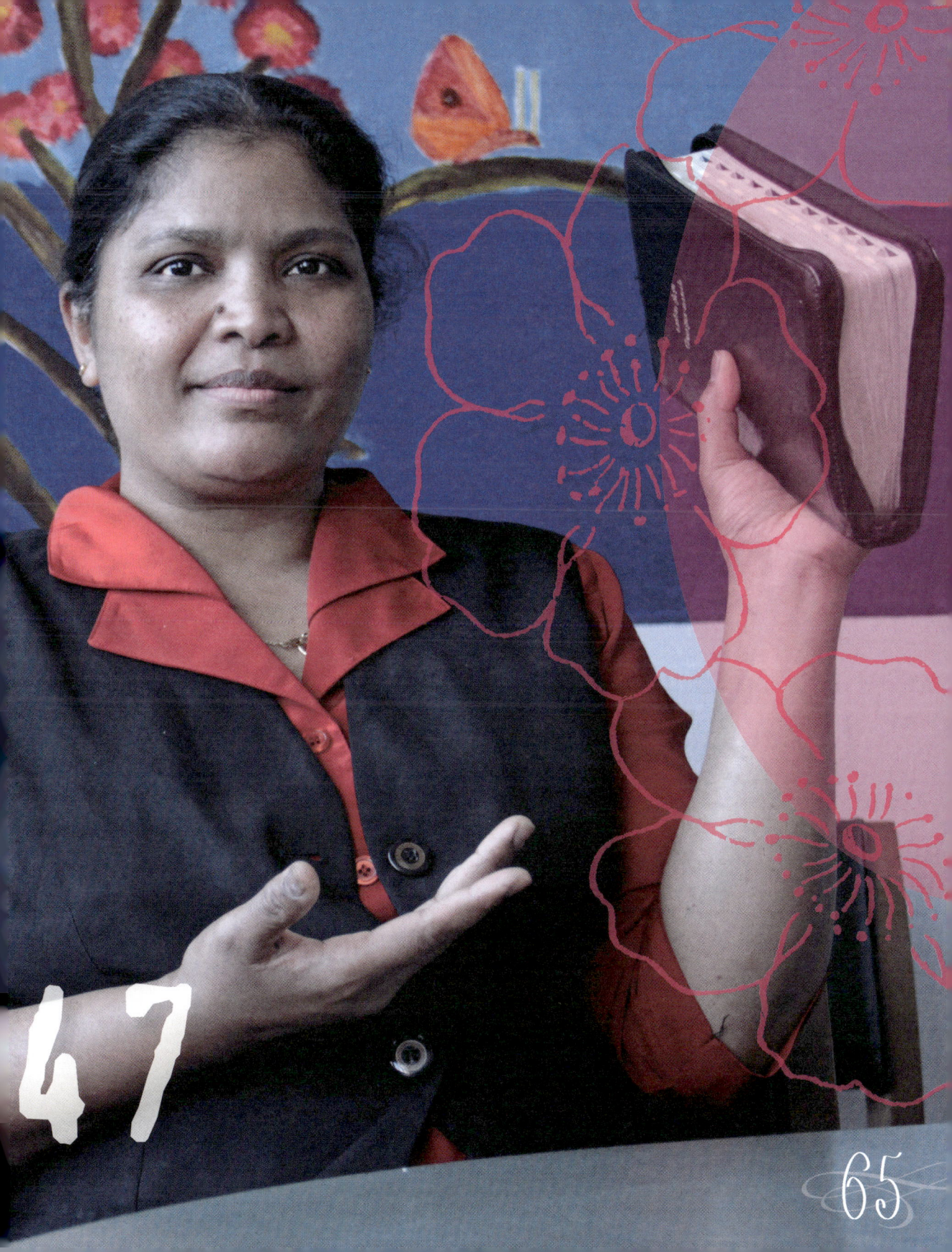

47

ABI, 20

BMS-PRAKTIKUM, MATURA (DT. ABITUR)

Manchmal stört mich das hiesige Leistungsdenken. Zweifel, Sorgen und Leistungsdenken sind größer als das Vertrauen zu Gott. Sogar bei Gläubigen. Wenn man materiell alles hat, fällt es vielleicht schwerer als in Drittweltländern. Aber trotzdem. Ich kenne Menschen, die Gott lieben und für ihn leben möchten, doch das Vertrauen fehlt. Sie nehmen nur Tabletten, statt dass sie dazu noch beten. Ich hingegen weiß bis in mein Innerstes: Gott ist die sicherste Quelle. Er eröffnet mir meine Zukunft im richtigen Timing, er wird mir auch den richtigen Ehemann zeigen. Deshalb warte ich singend, frohgemut und dankend, bis es so weit ist.

MEINE LIEBLINGSVERSE:
«NUR AUF GOTT VERTRAUE ICH UND BIN RUHIG; VON IHM ALLEIN ERWARTE ICH HILFE. ER IST DER FELS UND DIE BURG, WO ICH IN SICHERHEIT BIN. WIE SOLLTE ICH DA WANKEN? IMMER WIEDER MUSS ICH ES MIR SAGEN: VERTRAU AUF GOTT, DANN FINDEST DU RUHE! ER ALLEIN GIBT MIR HOFFNUNG, ER IST DER FELS UND DIE BURG, WO ICH IN SICHERHEIT BIN; DARUM WERDE ICH NICHT WANKEN.»
NACH PSALM 62

KARIN, 42

KOMMUNIKATIONSBERATERIN

Mit den Christen war es so: Ich fühlte mich zu ihnen hingezogen, wollte aber nichts mit ihrem Glauben zu tun haben. Natürlich bemerkte ich, dass sie etwas hatten, was mir fehlte, aber ich wusste nicht, was es war. Behutsam fasste ich Vertrauen zu Gott und später zu Jesus. Als ich den Verlust von meinem Ehemann und meinem Vater verarbeitete, fühlte ich mich Gott und Jesus sehr nahe. Er hat mich von Verletzungen, Ängsten und Zweifeln befreit. Heute fühle ich mich wie ein Adler, der nicht mehr im Käfig gefangen ist und sich mit seinen Flügeln ins weite Wolkenmeer hochschwingen kann.

MEINE LIEBLINGSVERSE:

«ABER DIE AUF DEN HERRN HOFFEN, GEWINNEN NEUE KRAFT, SIE HEBEN DIE SCHWINGEN EMPOR WIE DIE ADLER, SIE LAUFEN UND ERMATTEN NICHT, SIE GEHEN UND ERMÜDEN NICHT.»
NACH JESAJA 40,31

ANNE, 19

HIPHOP-TANZLEHRERIN UND PHYSIOTHERAPEUTIN IN AUSBILDUNG

MEIN LIEBLINGSVERS:

«FREUT EUCH IMMERZU, MIT DER FREUDE, DIE VOM HERRN KOMMT! UND NOCH EINMAL SAGE ICH: FREUT EUCH!»
PHILIPPER 4,4; HOFFNUNG FÜR ALLE

ICH MÖCHTE DIE MENSCHEN MIT MEINER FREUDE BERÜHREN, DENN FREUDE IST EIN WICHTIGER SCHLÜSSEL. JESUS HATTE AUCH FREUDE. UND HUMOR. ER WAR SOWIESO COOL. WENN ICH MAL STERBE, MÖCHTE ICH, DASS MAN SAGT: «ANNES HERZ IST DEM HERZEN JESU IMMER ÄHNLICHER GEWORDEN.» FÜR MICH IST ES ETWAS NORMALES ZU GLAUBEN. DA ICH IN EINEM CHRISTLICHEN ELTERNHAUS AUFGEWACHSEN BIN, IST MIR DER GLAUBE SEIT MEINER KINDHEIT BEKANNT. HEUTE EMPFANGE ICH «VOLLE KANNE», WENN ICH ÜBER MEINEN GLAUBEN SPRECHE. WENN MICH JEMAND ANKICKT: «WAS, DU GLAUBST AN GOTT?», ANTWORTE ICH: «WAS, DU ETWA NICHT?!»

Vaterlos und arm bin ich in Kolumbien aufgewachsen. Mir war unverständlich, wie mich der himmlische Vater lieben sollte, wenn es mein leiblicher Vater nicht tat. Trotzdem nahm ich Jesus mit achtzehn Jahren in mein Herz auf. Seither weiß ich: Gott hat uns als einzigartige Unikate erschaffen. Er sehnt sich nach einer persönlichen Beziehung und totaler Versöhnung. Er ist weder eine Versicherung noch durch gute Taten käuflich. Wenn wir ihn ablehnen, bleiben wir Suchende, Traurige und getrennt von ihm. Ich bete für alle Menschen, dass sie die Liebe des unvergleichlichen himmlischen Vaters entdecken und ihn ganz persönlich kennen lernen.

JOHANA, 47
JURISTIN

MEIN GEBET:

GELIEBTER PAPA,

ICH SITZE FRÖHLICH AUF DEINEM SCHOSS, DENN DU HAST MEINE TRÄNEN GETROCKNET UND MEINE TRAURIGKEIT WEGGETRÖSTET. DU HAST MIR DAS LEBEN NEU GESCHENKT, MICH BEFREIT VON MEINEN LASTEN UND MEINEN BEGANGENEN FEHLERN. HEILIG, HEILIG, HEILIG BIST DU! DU HAST MEINE NOT IN EINEN FREUDENTANZ VERWANDELT, HAST MIR STATT DES TRAUERKLEIDS EIN HERRLICHES FESTGEWAND GESCHENKT. DIR, MEINEM HIMMLISCHEN PAPA, GILT ALLEZEIT MEIN DANK! AMEN.

ls Au-Pair in London. Die Frau sagte: «Ja, deine leibliche Mutter hat dich in Indien in den Straßenstaub gelegt und ist verschwunden. Doch Gott hat dich bereits gesehen. Übrigens hat er einen Plan für dich!» Ich spürte Liebe und wollte diesen Jesus nie mehr loslassen. Doch zurück in meiner alles andere als paradiesischen Adoptiv-Family wurde mein Glaube schwach. Ich hatte keine persönliche Beziehung zu Jesus, las auch die Bibel nur unregelmäßig. Es folgte ein langer Prozess der Heilung und Vergebung, durch den mich Jesus hindurchtrug. Vergebung ist kein Gefühl, sondern eine immer wieder getroffene Entscheidung.

ANGIE, 30
SOZIALAGOGIN

ESPERANZA

DAMENSCHNEIDERIN

Ich habe selber so viele Wunder erlebt. An mir und anderen Menschen. Unzählige Male geschahen Gebetserhörungen. Nach zwei Nierenoperationen wurde ich selber im Gebet geheilt. Und mein Hirntumor ist ebenfalls verschwunden. Ich habe diesen Tumor nie akzeptiert. Es ist für mich keine Frage, wir müssen glauben, wir haben gar keine Wahl. Denn sonst geschieht nichts. Gott ist durch und durch wahr, und er ist ein kreativer Gott. Ich weiß das. Jeder Buchstabe in der Bibel ist wahr. Wenn der Arzt mir heute sagen würde: «Sie sind krank!», dann würde ich antworten: «Nein, ich bin heil!»

MEIN LIEBLINGSVERS:

«DER GEIST DES HERRN HAT VON MIR BESITZ ERGRIFFEN. DENN DER HERR HAT MICH GESALBT UND DADURCH BEVOLLMÄCHTIGT, DEN ARMEN GUTE NACHRICHT ZU BRINGEN. ER HAT MICH GESANDT, DEN VERZWEIFELTEN NEUEN MUT ZU MACHEN, DEN GEFANGENEN ZU VERKÜNDEN: ‹IHR SEID FREI! EURE FESSELN WERDEN GELÖST!›»
JESAJA 61,1; GUTE NACHRICHT

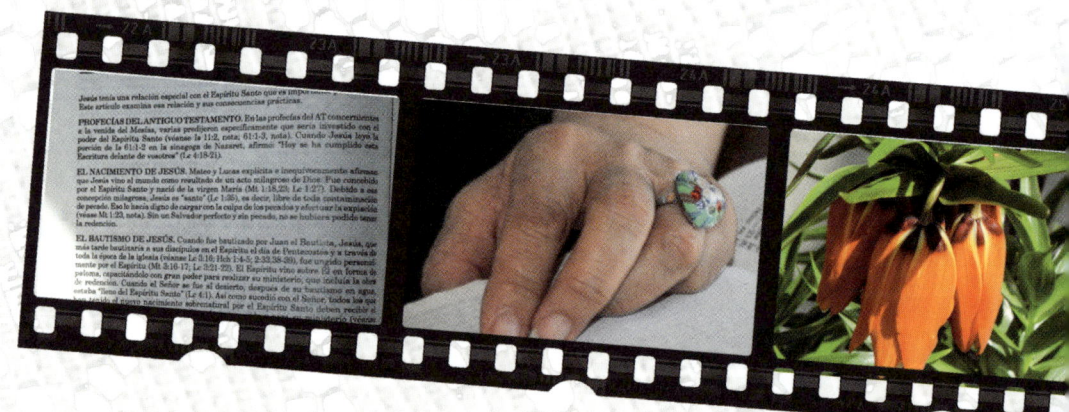

62

77

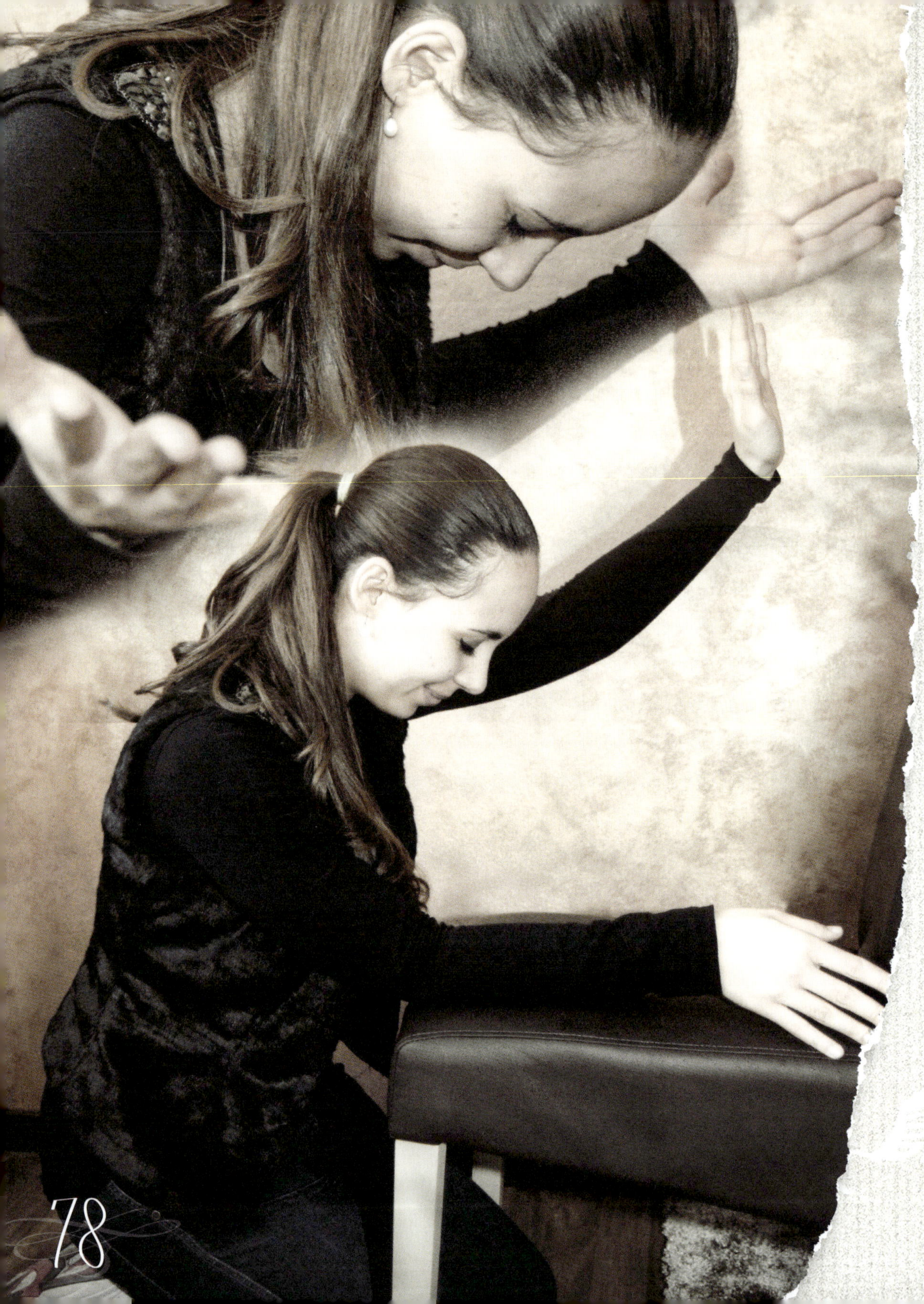

CARLA, 26

MEIN GEBET:

OH JESUS, WIR BRAUCHEN DICH SO SEHR! UNSER GLAUBE AN DICH IST SO WINZIG, MACH IHN GROSS UND STARK, SO DASS WIR ÜBERWINDER WERDEN STATT OPFER. SO DASS WIR EINEN STARKEN WILLEN, AUSDAUER UND DISZIPLIN BEKOMMEN, UNSERE TRÄGHEIT ABSCHÜTTELN, AUFSTEHEN UND DIR VORBEHALTLOS NACHFOLGEN, AUCH WENN WIR MANCHMAL STOLPERN. WIR WOLLEN WERDEN WIE DU, SCHRITT FÜR SCHRITT VORWÄRTS, DENN DU BIST DER WEG, DIE WAHRHEIT UND DAS LICHT.

Meine Eltern sind aus Brasilien und Palästina, entsprechend spannungsvoll war meine Jugend. Die erste Kehrtwendung kam, als ein Heimdirektor sagte: «Du wirst unter einer Brücke landen!» Das hat mich motiviert, denn durch Leiden werde ich stark. Ab da wollte ich einen Beruf lernen. Das zweite extrem tiefe Erlebnis war, als mir bewusst wurde, dass nur Jesus mich heilen kann: Menschen oder Therapien können wohl einen Schmerz lindern oder eine Zeitlang helfen, aber einzig und allein Jesus heilt bleibend. Ich habe das an mir selber erlebt. Heute habe ich eine Familie, zwei süße Kinder und sogar ein Haus.

SOPHIE, 30

SOZIOLOGIE UND UMWELT-WISSENSCHAFT, URBANISMUS & STADTENTWICKLUNG

 ls meine Eltern sich scheiden ließen, war ich neun. Danach lebte mein alkoholkranker Vater ohne festes Domizil. Obwohl ich Angst hatte vor ihm, versuchte ich ihm zu helfen. Das war sehr schmerzhaft. Viel später realisierte ich, dass Jesus trotz allem in all diesen Jahren bei mir gewesen ist. Dass er mich gesehen hat, dass ich ihm bekannt war! Dieses Gefühl war für mich unglaublich. Nun wusste ich: Gott existiert tatsächlich. Sogar mein Vater hat zwei Jahre vor seinem Tod zu Jesus gefunden. Das alles hat sehr viel verändert in unserer Familie und natürlich bei mir. Ich habe hautnah erlebt, dass für Gott alles möglich ist.

«FÜRCHTE DICH NICHT, DENN ICH BIN BEI DIR; HABE KEINE ANGST, DENN ICH BIN DEIN GOTT! ICH MACHE DICH STARK, ICH HELFE DIR, MIT MEINER SIEGREICHEN HAND BESCHÜTZE ICH DICH!»
JESAJA 41,10; HOFFNUNG FÜR ALLE

81

MONIKA, 49

FAMILIENFRAU

In meiner Kindheit wurde ich aufs Derbste misshandelt. Mein Herz verhärtete sich. Als junge Frau brachte ich nichts auf die Reihe: keinen Beruf, dafür Drogen und Alkohol. Ich wurde weiterhin zum Sex genötigt. Da ich glaubte, Liebe gäbe es nur über Schmerz, willigte ich ein. Mein Leben war wild und gefährlich, das Gaspedal meiner amerikanischen Schlitten drückte ich kräftig durch. Ich fühlte mich abgrundtief minderwertig und rundum unbrauchbar. Dann erfuhr ich die unglaubliche, absolut unvorstellbare Vaterliebe Gottes. Er heilte mein Herz! Wenn heute ab und zu Erinnerungen hochkommen, umarmt und tröstet er mich.

MEIN GEBET:
LIEBER VATER IM HIMMEL, BITTE VERGIB MIR ALLES, WAS ICH TAT UND WAS DIR KEINE FREUDE BEREITETE. VERGIB AUCH DEN MITBETEILIGTEN. REINIGE MICH MIT DEINEM HEILIGEN BLUT, MACH MICH NEU, REIN UND UNSCHULDIG WIE EIN KIND. SCHENK MIR EIN NEUES, WEICHES HERZ. ICH DANKE DIR FÜR DEINE VERGEBUNG. ICH WEISS, DU WILLST NICHT, DASS ICH EINER SUCHT VERFALLE. NIMM SIE MIR WEG, DENN ICH SCHAFFE ES NICHT AUS MIR HERAUS.

FILISNAT, 55

DAMENSCHNEIDERIN

Ich komme aus Haiti und bin das vierte von zwölf Kindern. Als meine Schwester zehn war, legte ein satanischer Zauberer einen bösen Geist auf sie. Fünf Wochen lang schlief und aß sie nicht, redete dafür ununterbrochen. Aus Sorge gingen meine Eltern zu drei verschiedenen Voodoo-Priestern. Alle sagten, dass da nur Gott und das Gebet helfen können. So riefen wir den Heilsarmee-Offizier. Er kam zu uns, betete zwei Tage lang, verbrannte unsere Talismane und magischen Gegenstände und las Psalm 91 vor. Danach war meine Schwester vollkommen geheilt. Von da an war die ganze Familie gläubig.

DIESER PSALM HAT ALLES VERÄNDERT:

«WER UNTER DEM SCHUTZ DES HÖCHSTEN GOTTES LEBT, DARF RUHEN BEI IHM, DER ALLE MACHT HAT. ER SAGT ZUM HERRN: ‹DU BIST MEINE ZUFLUCHT, BEI DIR BIN ICH SICHER WIE IN EINER BURG. MEIN GOTT, ICH VERTRAUE DIR!› DU KANNST DICH DARAUF VERLASSEN: DER HERR WIRD DICH RETTEN VOR DEN FALLEN, DIE MAN DIR STELLT, VOR VERRAT UND VERLEUMDUNG. ER BREITET SEINE FLÜGEL ÜBER DICH, GANZ NAHE BEI IHM BIST DU GEBORGEN. WIE SCHILD UND SCHUTZWALL DECKT DICH SEINE TREUE. [...] DU SAGST: ‹DER HERR IST MEINE ZUFLUCHT.› BEIM HÖCHSTEN GOTT HAST DU SCHUTZ GEFUNDEN. DARUM WIRD DIR NICHTS BÖSES GESCHEHEN, KEIN UNHEIL DARF DEIN HAUS BEDROHEN. GOTT HAT SEINEN ENGELN BEFOHLEN, DICH ZU BESCHÜTZEN, WOHIN DU AUCH GEHST. SIE WERDEN DICH AUF HÄNDEN TRAGEN, DAMIT DU NICHT ÜBER STEINE STOLPERST. LÖWEN UND SCHLANGEN KÖNNEN DIR NICHT SCHADEN, DU WIRST SIE ALLE NIEDERTRETEN. GOTT SELBER SAGT: ‹ER HÄNGT AN MIR MIT GANZER LIEBE, DARUM WERDE ICH IHN BEWAHREN. WEIL ER MICH KENNT UND EHRT, WERDE ICH IHN IN SICHERHEIT BRINGEN. WENN ER MICH RUFT, DANN ANTWORTE ICH. WENN ER IN NOT IST, BIN ICH BEI IHM; ICH HOLE IHN HERAUS UND BRINGE IHN ZU EHREN. ICH GEBE IHM EIN LANGES, ERFÜLLTES LEBEN; ER WIRD DIE HILFE ERFAHREN, AUF DIE ER WARTET.›»
PSALM 91; HOFFNUNG FÜR ALLE

86

YOLANDA, 60

MEIN LIEBLINGSVERS:
«DANN WERDET IHR DIE WAHRHEIT ERKENNEN
UND DIE WAHRHEIT WIRD EUCH BEFREIEN.»
NACH JOHANNES 8,32

FAMILIENFRAU

Ich stamme von Maya-Indianern ab, einer in Guatemala diskriminierten Menschengruppe. Etwa die Hälfte der Guatemalteken sind gläubige Christen. Meine ganze Ursprungsfamilie wurde gläubig. Viele Menschen sind arm, aber für den Herrn sind sie sehr großzügig. Deshalb sind unsere Kirchen groß und schön wie Tempel. Bei uns schaut man 24 Stunden täglich biblisches Fernsehen. Das Evangelium und der Glaube sind sehr lebendig und präsent. Glauben heißt für mich erleben und mitmachen. Feiern, fröhlich und frei sein. Singen, klatschen, tanzen, beten, fasten, Zeugnis geben und natürlich die Bibel lesen.

STEPHI, 18

«DER HERR, DEIN STARKER GOTT, DER RETTER, IST BEI DIR. BEGEISTERT FREUT ER SICH AN DIR. VOR LIEBE IST ER SPRACHLOS ERGRIFFEN UND JAUCHZT DOCH MIT LAUTEN JUBELRUFEN ÜBER DICH.»

ZEFANJA 3,17; NEUES LEBEN

In meiner Klasse ist keine meiner Mitschülerinnen gläubig. Alle behaupten, sie hätten null Probleme und bräuchten keinen Glauben. Für mich ist der Glaube keine «Versicherung» bei Problemen, sondern ein Lebensstil, in dem ich eine lebendige Beziehung zu Gott pflege, das heißt bete und möglichst «online» bin. In der Schule gibt es eine Bibelgruppe, die sich einmal wöchentlich über Mittag trifft, 5 bis 15 Schüler kommen jeweils. Aber am Anschlagbrett dürfen wir nicht auf uns aufmerksam machen. Die Lehrer meinten, das sei Bevorzugung einer Religion. Dabei leben wir doch in einem christlichen Land.

SUBASHNI,

MEIN LIEBLINGSPSALM:
«DU HAST ALLES IN MIR GESCHAFFEN UND HAST
MICH IM LEIB MEINER MUTTER GEFORMT.
ICH DANKE DIR, DASS DU MICH SO HERRLICH
UND AUSGEZEICHNET GEMACHT HAST! WUNDERBAR
SIND DEINE WERKE, DAS WEISS ICH WOHL.»
PSALM 139,13–14; NEUES LEBEN

Mit meinem Mann führte ich eine schreckliche Ehe. Da ich mich von Kindheit an ungeliebt fühlte, rannte ich stets der Liebe hinterher. Deshalb habe ich in meiner Ehe viel zu viel akzeptiert. Bereits als Dreizehnjährige habe ich Jesus in mein Leben aufgenommen. Damals ging ich in eine christliche Schule, weil sie sehr günstig war, aber zu Hause lebten wir den Hinduismus. Auch wenn ich später als Christin falsche Entscheidungen traf, spürte ich, wie Jesus mich immer wieder mit offenen Armen auffing. Ich habe jetzt verstanden, dass Jesus mich durch und durch liebt und dass er meinen bisher gebauten Mist zu Dünger umwandeln will.

JENNY, 46

SACHBEARBEITERIN

In der Seelsorgeausbildung habe ich gemerkt, dass ich die Gabe habe, Menschen im Gebet zu ermutigen. Danach betete ich zu Gott: «Zeig mir Menschen, deren Herz gebrochen ist, damit ich für sie beten kann.» Und er tut es. In Ecuador leben wir Menschen unseren Glauben fröhlich aus. Aber hier gibt es so viele Menschen, auch Christen, die gehemmt, menschenscheu oder unzufrieden sind. Da ist eine Dauerverstopfung, geistlicher Leinsamen tut not. Über allem liegt eine schwere Glocke, die alle Lebensfreude erstickt. Darum beten wir in unserer Gemeinde für die Befreiung dieses Landes.

MEIN GEBET FÜR DIESES LAND:
MEIN LIEBER VATER IM HIMMEL,
HILF UNS BITTE, DIE MENSCHEN
HIER UND DIE WELT MIT DEINEN
AUGEN DER BARMHERZIGEN LIEBE ZU
SEHEN, DAMIT WIR IHRE WAHRE NOT
ERKENNEN, STATT DASS WIR ÜBER
SIE URTEILEN!
BITTE HILF DEN MENSCHEN IN
DIESEM LAND, IHRE LAST UND IHREN
SCHMERZ BEI DIR ABZULADEN, DAMIT
SIE FREI, FRÖHLICH UND DANKBAR
WERDEN FÜR DEINE SCHÖNHEIT
UND GEGENWART! ICH BETE IN JESU
NAMEN! AMEN.

MEIN GEBET:
OH MEIN VATER, GIB MIR AUGEN ZU SEHEN, EIN HERZ ZU EMPFINDEN
UND HÄNDE UND FÜSSE, UM DIR ZU DIENEN, WO AUCH IMMER DU MIR
BEGEGNEST! VERWANDLE MICH, HERR, DURCH DEINEN GEIST IN EINEN
DIENER CHRISTI, DER ANDEREN MENSCHEN GERNE UND FRÖHLICH
HELFEN MÖCHTE. MACHE AUS MIR EIN WERBEPLAKAT FÜR DEINE GNADE,
EINE LEBENDE REKLAME DAFÜR, WIE GROSS DEIN MITGEFÜHL IST.
ICH MÖCHTE DICH EINES TAGES SAGEN HÖREN: «GUT GEMACHT,
MEIN GUTER UND TREUER DIENER», UND ICH BETE, DASS ICH
HEUTE EIN SOLCHER TREUER DIENER BIN. AMEN.

Ein demütiger Mensch hat keine Angst vor Misserfolg. Er hat eigentlich vor überhaupt nichts Angst – nicht einmal vor sich selbst. Demut bedeutet grenzenloses Vertrauen auf Gott. Vor ihm kann keine andere Macht bestehen, er kennt keine Hindernisse. Ich finde es unglaublich, dass Gott uns so sehr liebt, obwohl er es gar nicht müsste. Ich habe beruflich mit Menschen zu tun, die furchtbare Taten vollbrachten, etwa Raubüberfälle oder Kindsmisshandlungen. Ich bin dort, weil ich lernen will, diese Menschen so zu lieben, wie Jesus uns liebt. Das ist nicht einfach. Es ist eine tägliche, bewusst getroffene Entscheidung.

STEFANIE,
25
PFLEGEFACHFRAU
IN AUSBILDUNG

JACQUELINE

96

G., 57

Wir waren zwölf Kinder und sind sehr arm aufgewachsen. Ich hatte Minderwertigkeitskomplexe und in mir einen Geist der Armut in jeder Hinsicht. Gott hat mein verarmtes Herz verändert, so dass es weich und freigiebig wurde. Zudem habe ich als Christin gelernt, dass Jesus mein Versorger ist: Er gibt mir alles, was ich brauche, und noch darüber hinaus. Viele Christen denken, arm sein sei besser als reich sein, aber das steht nirgends. Denn wer mehr hat, kann auch mehr geben. In meinem Beruf habe ich täglich mit Geld zu tun. Am wichtigsten finde ich, Liebe, Gebete und Hoffnung zu investieren in eine verwahrloste, egoistische und humanistische Welt.

MEIN GEBET:
DANKE, HERR, DASS DU DAS ERWÄHLT HAST,
WAS IN DER WELT NICHTS ZÄHLT.
DU BIST MEIN VERSORGER!
ICH DANKE DIR FÜR ALL DIE GUNST,
DIE ICH BEI DIR IN JEDER LEBENSLAGE HABE!

BRIGITTE,

Gott hat jeden einzelnen Menschen perfekt gemacht. Wir sind zwar nicht vollkommen, aber perfekt. Und wir sind nach seinem Ebenbild geschaffen. Seine Schöpferhand hat uns erschaffen, wir tragen Seinen Geist und Geruch in uns. Sein Vaterherz schaut voller Liebe auf uns, denn er liebt uns über alles. Für mich gibt es nichts Schöneres. Einmal ging ich mit den Hunden spazieren. Plötzlich sagte Gott zu mir: «Brigitte, ich liebe dich leidenschaftlich. Meine Liebe zu dir und überhaupt zu den Menschen ist unvorstellbar groß!» Ich habe den Auftrag erhalten, den Menschen zu sagen, dass Gott sie leidenschaftlich liebt.

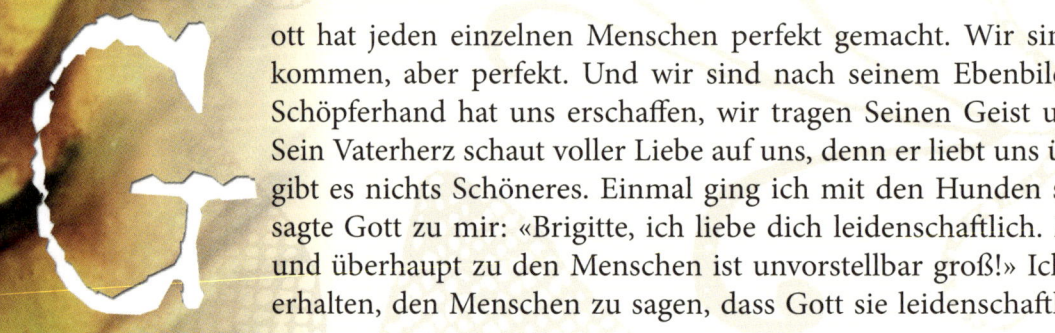

WORTE GOTTES AN UNS:
«DU BIST AUF EINE ERSTAUNLICHE UND WUNDERBARE WEISE GEMACHT.»
NACH PSALM 139,14

«DENN ICH HABE DICH SCHON IMMER GELIEBT.»
NACH JEREMIA 31,3»

«MEINE GEDANKEN ÜBER DICH SIND SO ZAHLLOS WIE DER SAND AM MEER.»
NACH PSALM 139,17–18

«ICH JAUCHZE ÜBER DICH VOR FREUDE.»
NACH ZEFANJA 3,17

«ICH WERDE NIE AUFHÖREN, DIR GUTES ZU TUN.»
NACH JEREMIA 32,40

«WENN DU MICH VON GANZEM HERZEN SUCHST, WIRST DU MICH FINDEN.»
NACH 5. MOSE 4,29

«MEINE FRAGE LAUTET: WILLST DU MEIN KIND SEIN?»
NACH JOHANNES 1,12–13

KÜNSTLERIN

MARIELLE,
GESCHÄFTSFRAU UND MUTTER
48

Wir wünschten uns Kinder, doch leider hatte ich nur Fehlgeburten. Ich haderte mit dem Schicksal, fühlte mich minderwertig. Das Thema war tabu zwischen meinem Mann und mir. Eine Adoption kam auch nicht in Frage. In unserer Not suchten wir diesen allmächtigen Gott, und er half uns. Ich wurde schwanger: eine Tochter! Nach einer weiteren Fehlgeburt kam die zweite Tochter. Schließlich schenkte Gott uns noch einen Sohn. Mir half aus Sprüche 3,5: «Vertraue von ganzem Herzen auf den Herrn und verlass dich nicht auf deinen Verstand.» All unsere Kinder sind Geschenke, und wir genießen sie sehr.

MEIN GEBET FÜR DIE KINDER:
HIMMLISCHER VATER, DANKE FÜR DIE KINDER, DIE DU UNS GESCHENKT UND ANVERTRAUT HAST. FÜHRE, LEITE UND BEWAHRE SIE. SETZE SIE FREI, SO DASS SIE DICH IN IHREM HERZEN ERKENNEN UND DIR NACHFOLGEN. SCHENKE UNS ELTERN WEISHEIT, DEMUT UND VERTRAUEN, UM SIE IN DEINEM SINN ZU ERZIEHEN UND IMMER WIEDER LOSZULASSEN.

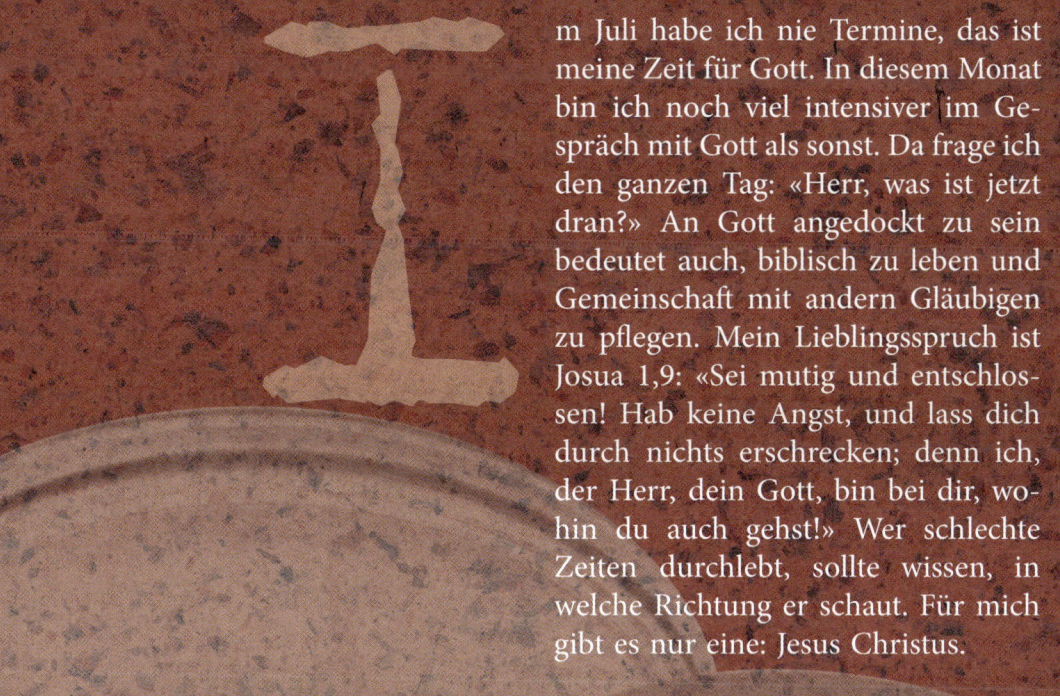

I m Juli habe ich nie Termine, das ist meine Zeit für Gott. In diesem Monat bin ich noch viel intensiver im Gespräch mit Gott als sonst. Da frage ich den ganzen Tag: «Herr, was ist jetzt dran?» An Gott angedockt zu sein bedeutet auch, biblisch zu leben und Gemeinschaft mit andern Gläubigen zu pflegen. Mein Lieblingsspruch ist Josua 1,9: «Sei mutig und entschlossen! Hab keine Angst, und lass dich durch nichts erschrecken; denn ich, der Herr, dein Gott, bin bei dir, wohin du auch gehst!» Wer schlechte Zeiten durchlebt, sollte wissen, in welche Richtung er schaut. Für mich gibt es nur eine: Jesus Christus.

CLAUDIA, 46

FRAUENKINO-BETREIBERIN UND SEELSORGERIN

MEIN GEBET:
HERR, ICH DANKE DIR, DASS DU DER ALLWISSENDE, ALLGEGENWÄRTIGE GOTT BIST UND DICH FÜR MICH INTERESSIERST. DANKE, DASS DU MICH WIE EINEN ADLER ZUM LEBEN IN DEINER FREIHEIT BERUFEN HAST. SCHAU, HIER BIN ICH, WAS SOLL ICH ALS NÄCHSTES TUN? ZEIG MIR MEINEN WEG AUF, DEN DU FÜR MICH VORGESEHEN HAST. ZEIG ES MIR SO, DASS ICH VERSTEHE, DASS ICH GEMEINT BIN. AMEN.

CHRISTELLE

HARFEN-SPIELERIN, MUSIKERIN

40

In der Sonntagsschule erfuhr ich, dass König David aus der Bibel ein ausgezeichneter Harfenspieler war. Als ich dann eine Harfe sah und berührte, gab es nur noch eins: Ich musste Harfe spielen lernen. Da war ich sechs Jahre alt. Jesus hat mir die Musik gegeben, um mich am Leben zu erhalten. Wenn ich spiele, bin ich ganz eins mit Jesus. Das Harfenspiel ist wie der unbeschreibliche Moment, als Maria das kostbare Öl über Jesu Füße leerte. Wenn ich spiele, mache ich mich angreifbar, denn ich offenbare mein Innerstes und verschenke mein Herz an die Welt. In diesem Moment bin ich ganz eins mit Jesus.

MEIN GEBET:
HIMMLISCHER VATER, LASS MICH AUCH SO MUTIG WERDEN, DASS ICH MICH OHNE WENN UND ABER AUF ETWAS EINLASSE UND OHNE VORBEHALT DEN VORGEZEICHNETEN WEG GEHE. SOGAR MIT DEM RISIKO, DASS MEIN HERZ ZERBROCHEN WIRD. ICH TUE ES DIR ZU EHREN UND WEIL DAS DEINEM PLAN FÜR MICH ENTSPRICHT.

BERNITA, 63

Ich habe nie nicht geglaubt, denn glauben ist mein Lebensstil. Glaubenskrisen kenne ich nicht. In meiner Kirche in Ohio sangen wir Gospel. Als ich vor 34 Jahren hierherkam, spürte ich, dass der Gospelgesang meine Berufung ist. Gospel, die berührende Musik der Sklaven. Wenn sie biblische Texte wie «den Jordan überqueren» sangen, träumten sie davon, selber über den Fluss in die Freiheit zu gelangen. Mein Urgroßvater heiratete eine Cherokee-Indianerin, zwei Minderheiten taten sich im Elend zusammen. Es ist mir unverständlich, warum man Unschuldige so hassen kann, dass man sie in Ketten legt und missbraucht.

EIN ZITAT, DAS MICH BESCHÄFTIGT:
«WER DAS BÖSE OHNE WIDERSPRUCH HINNIMMT,
ARBEITET IN WIRKLICHKEIT MIT IHM ZUSAMMEN!»
MARTIN LUTHER KING

JACQUELINE WYSS

FITNESSEXPERTIN, VIERZEHNFACHE SCHWEIZER MEISTERIN UND OLYMPIAFINALISTIN IM WASSERSPRINGEN

ZWEI MEINER LIEBLINGSSTELLEN IN DER BIBEL:

«ICH SAGE EUCH: WENN JEMAND ZU DIESEM BERG HIER SAGT: ‹HEB DICH EMPOR UND STÜRZ DICH INS MEER!›, UND WENN ER DABEI IN SEINEM HERZEN NICHT ZWEIFELT, SONDERN GLAUBT, DASS DAS, WAS ER SAGT, GESCHIEHT, WIRD ES EINTREFFEN.»
MARKUS 11,23; NEUE GENFER ÜBERSETZUNG

«UND NUN SPRICHT DER HERR, DER DICH GESCHAFFEN HAT, JAKOB, UND DICH GEMACHT HAT, ISRAEL: FÜRCHTE DICH NICHT, DENN ICH HABE DICH ERLÖST; ICH HABE DICH BEI DEINEM NAMEN GERUFEN; DU BIST MEIN! WENN DU DURCH WASSER GEHST, WILL ICH BEI DIR SEIN, DASS DICH DIE STRÖME NICHT ERSÄUFEN SOLLEN; UND WENN DU INS FEUER GEHST, SOLLST DU NICHT BRENNEN, UND DIE FLAMME SOLL DICH NICHT VERSENGEN. DENN ICH BIN DER HERR, DEIN GOTT, DER HEILIGE ISRAELS, DEIN HEILAND.»
JESAJA 43,1–3; LUTHER

Ich bin durch den Sport gläubig geworden. Bei der Weltmeisterschaft in Australien war ich mental nicht so stark, so dass ich meine Sprünge auf dem Sprungbrett nicht mehr beherrschte. Verzweifelt ging ich in die Natur und betete zu Gott: «Wenn es Dich wirklich gibt, bitte hilf mir, dass ich wieder springen kann!» Dann geschah ein Wunder: In mir kamen Kraft, Stärke, Zuversicht und völliges Gottvertrauen auf. Ich wurde ruhig, erreichte das Finale mit dem absolut überraschenden 4. Platz. Von da an erhielt ich in den Medien eine große Plattform. Mir wurde wichtig, in allen Erfolgen immer Gott zu danken und ihm die Ehre zu geben.

109

Gottes Güte überrascht mich. So oft gibt er mir mehr als das, worum ich gebeten habe. Allerdings manchmal in einem andern Tempo, als mir lieb wäre. Geduld scheint ihm wichtig zu sein. Also habe ich gelernt zu warten. Und das lohnt sich, weil er auf Herzenswünsche eingeht. Ich möchte Gott vertrauen. Auch dann, wenn ich seine Wege oder den Sinn nicht verstehe, lerne ich loszulassen und zu akzeptieren. Denn ich weiß, Gottes Güte überrascht mich, immer wieder.

DU BIST DER GOTT,

DER MICH LIEBT UND MICH DURCH UND DURCH KENNT, DER MICH SIEHT UND NIE VERGISST. DU ERHÖRST MEINE GEBETE UND HAST STETS EINEN GUTEN PLAN FÜR MICH. AN DEINER HAND GEHE ICH UND LASSE SIE NIE LOS. DU BIST MEIN VERSORGER, DIR KANN ICH VOLL VERTRAUEN. DU BIST MEIN VERLÄSSLICHER, GÜTIGER UND BARMHERZIGER GOTT VOLLER WUNDER UND ÜBERRASCHUNGEN. AMEN.

ALINE, 33

MODERATORIN DES MAGAZINS
«FENSTER ZUM SONNTAG»

Z u Beginn erlebte ich hier viel Rassismus. Einer meiner Patienten weigerte sich sogar, sich von mir berühren zu lassen. Meinen Söhnen impfte ich ein, dass sich kein Mensch wegen seiner Hautfarbe einschränken oder einengen lassen darf. Heute bleibe ich ganz ruhig, denn ich erfuhr immer wieder: Gott löst alle meine Probleme. Er steht zu mir und hat mich zu seiner Freude erschaffen. Für ihn bin ich eine ganz spezielle, wohlriechende Blume. Der Glaube gibt mir Selbstvertrauen. Und ich weiß, auf unserer Welt haben alle Platz. Wir brauchen einander.

MEIN GEBET:
SEIGNEUR JÉSUS,
ICH DANKE DIR, FÜR MEIN LEBEN UND DASS ICH DEIN KIND BIN.
ICH DANKE DIR, DASS DU MICH NACH DEINEM BILD ERSCHAFFEN HAST.
ICH DANKE DIR, DASS ICH FÜR DICH EIN KOSTBARER SCHATZ BIN.
ICH DANKE DIR, DASS ICH IN DEINEN AUGEN WERTVOLL BIN.

DORETTE, 42
PFLEGEFACHFRAU

Är isch üse Chönig !*

* «Er ist unser König!»

mmer war ich die liebe, brave Esther. Nach außen hin perfekt und herzig, die Vorzeige-Christin, die es allen recht machen will. Aber in mir drin roch es nach Heuchelei, denn ich hatte keine persönliche Beziehung zu Gott. War überzeugt, dass ich für ihn wegen meiner Pornosucht sowieso nicht genügte. Vor drei Jahren wurde ich davon befreit. Er zeigte mir darüber hinaus, was eine betonstabile Gottesbeziehung ist. Das ist ganz simpel: exklusiv auf ihn hören, statt auf das mich verwirrende Mischmasch der Mitmenschen.

MEIN LIEBLINGSVERS:
«‹ES IST ALLES ERLAUBT›, SAGT IHR. DAS MAG STIMMEN, ABER ES IST NICHT ALLES GUT FÜR EUCH. MIR IST ALLES ERLAUBT, ABER ICH WILL MICH NICHT VON IRGENDETWAS BEHERRSCHEN LASSEN.»
1. KORINTHER 6,12; HOFFNUNG FÜR ALLE

EIN BEFREIUNGSGEBET:
ICH BEKENNE VOR DIR, JESUS CHRISTUS, MEINE ABHÄNGIGKEIT VON ....
UND BITTE DICH UM VERGEBUNG FÜR MEINE SCHWÄCHE. ES GIBT NUR EINEN HEILER, UND DAS BIST DU. ICH DANKE DIR, DASS DU MICH JETZT VON ....
BEFREIST; MIR EINEN NEUEN GEIST SCHENKST, NEUE GEDANKEN, EIN NEUES VERHALTEN. DU UND DEIN WORT MACHEN MICH STARK UND SIEGREICH.
FÜHRE, LEITE UND BESCHÜTZE MICH, ICH BRAUCHE DICH.

ESTHER, 22
KAUFMÄNNISCHE ANGESTELLTE

KINDERGÄRTNERIN

utterseelenallein stapfte ich in meinen grünen Gummistiefeln durch kinnhohes Gras, die Locken zu zwei strammen Kindergartenzöpfen gebändigt. Da saß ich dann, weit hinten, in Shorts und ausgeleiertem Shirt. Sie sagten: «Wenn du Jesus in dein Leben einlädst, schenkt er dir ein reines, weißes Herz und macht dich glücklich.» Ich wollte das, ging nach vorn, und sie beteten für mich. Mein Herz pochte wie wild, und trotzdem erfüllte mich ein unglaublicher Friede. Ich flog förmlich nach Hause und jubilierte, so glücklich war ich. Die Stiefel waren dieselben geblieben, ich aber nicht.

MEIN GEBET:

JESUS, ICH GLAUBE, DASS DU GOTTES SOHN BIST. DANKE, DASS DU AM KREUZ VON GOLGATHA FÜR MEINE SCHULD GESTORBEN BIST. BITTE VERGIB MIR, DASS ICH BIS JETZT OHNE DICH GELEBT HABE. ICH ÜBERGEBE DIR JETZT MEIN LEBEN UND WILL DIR NACHFOLGEN. BITTE SCHENKE MIR WEISHEIT, WAHRHEIT UND ERKENNTNIS SOWIE DEINEN HEILIGEN GEIST. SEI DU MEIN STÄNDIGER BEGLEITER. SEI DU MEIN RETTER UND MEIN HERR. KOMME JETZT IN MEIN HERZ, UND FÜHRE MICH DURCH MEIN LEBEN. AMEN.

WAS MIR WICHTIG IST:

1. GEBET: SPRICH JEDEN TAG MIT GOTT.
2. BIBELSTUDIUM: LIES GOTTES WORT UND MACH ES ZUR GRUNDLAGE DEINES LEBENS.
3. GEMEINSCHAFT: FINDE CHRISTEN, DIE DICH IM GLAUBEN UNTERSTÜTZEN. SUCHE DIR EINE CHRISTLICHE GEMEINDE, IN DER DU DICH WOHLFÜHLST.
4. LASS DICH TAUFEN.

EIN LIEBESBRIEF GOTTES AN UNS
MEIN GELIEBTES KIND

DU MAGST MICH NOCH NICHT KENNEN,
ABER ICH WEISS ALLES ÜBER DICH.
(NACH PSALM 139,1)

ICH WEISS, WANN DU DICH HINSETZT
UND WANN DU AUFSTEHST.
(NACH PSALM 139,2)

ALLE DEINE WEGE SIND
MIR VERTRAUT.
(NACH PSALM 139,3)

SOGAR DIE HAARE
AUF DEINEM KOPF SIND GEZÄHLT.
(NACH MATTHÄUS 10,30)

DENN DU BIST NACH MEINEM
EBENBILD GESCHAFFEN.
(NACH 1. MOSE 1,27)

DU STAMMST VON MIR AB.
(NACH APOSTELGESCHICHTE 17,28)

ICH KANNTE DICH SOGAR, NOCH
BEVOR DU EMPFANGEN WURDEST.
(NACH JEREMIA 1,5)

ICH HABE DICH ERWÄHLT, ALS
ICH DIE SCHÖPFUNG PLANTE.
(NACH EPHESER 1,11)

DU BIST KEIN FEHLER.
(NACH PSALM 139,15)

SELBST ALLE DEINE TAGE SIND
IN MEIN BUCH GESCHRIEBEN.
(NACH PSALM 139,16)

ICH HABE FESTGELEGT, WANN DU
GEBOREN WERDEN SOLLTEST UND
WO DU LEBEN WÜRDEST.
(NACH APOSTELGESCHICHTE 17,26)

ICH HABE DICH IM LEIB
DEINER MUTTER GEFORMT.
(NACH PSALM 139,13)

DU BIST AUF EINE ERSTAUNLICHE
UND WUNDERBARE WEISE GEMACHT.
(NACH PSALM 139,14)

ICH BIN NICHT WEIT WEG ODER GAR ZORNIG,
SONDERN DIE VOLLKOMMENE LIEBE IN PERSON.
(NACH 1. JOHANNES 4,16)

ICH BRACHTE DICH HERVOR AN
DEM TAG DEINER GEBURT.
(NACH PSALM 71,6)

ES IST MEIN VERLANGEN, DICH MIT LIEBE ZU
ÜBERSCHÜTTEN. EINFACH, WEIL DU MEIN KIND
BIST UND ICH DEIN VATER BIN.
(NACH 1. JOHANNES 3,1)

ICH GEBE DIR MEHR, ALS DEIN IRDISCHER
VATER DIR JEMALS GEBEN KÖNNTE.
(NACH MATTHÄUS 7,11)

DENN ICH BIN DER VOLLKOMMENE VATER.
(NACH MATTHÄUS 5,48)

ALLE GUTEN GABEN, DIE DU EMPFÄNGST,
KOMMEN AUS MEINER HAND.

(NACH JAKOBUS 1,17)

ICH SORGE FÜR DICH,
UND ICH BEGEGNE ALLEN DEINEN NÖTEN.

(NACH MATTHÄUS 6,31)

MEIN PLAN FÜR DEINE ZUKUNFT
IST GEFÜLLT MIT HOFFNUNG.

(NACH JEREMIA 29,11–14)

WEIL ICH DICH MIT
EWIGER LIEBE LIEBE.

(NACH JEREMIA 31,3)

MEINE GEDANKEN ÜBER DICH
SIND UNZÄHLBAR WIE DER SAND
AM MEERESUFER.

(NACH PSALM 139,17–18)

ICH JUBLE VOR FREUDE ÜBER DICH.

(NACH ZEFANIA 3,17)

ICH WERDE NICHT AUFHÖREN, DIR
GUTES ZU TUN.

(NACH JEREMIA 32,40)

DENN DU BIST MEIN KOSTBARER BESITZ.

(NACH 2. MOSE 19,5)

ICH BEGEHRE VON GANZEM HERZEN UND
GANZER SEELE, DIR EINE HEIMAT ZU GEBEN.

(NACH JEREMIA 32,41)

UND ICH WILL DIR
GROSSE UND UNFASSBARE DINGE ZEIGEN.

(NACH JEREMIA 33,3)

120

...SBRIEF

WENN DU MICH VON GANZEM HERZEN SUCHEN WIRST, WERDE ICH MICH VON DIR FINDEN LASSEN.

(NACH 2. MOSE 4,29)

ERFREUE DICH AN MIR, UND ICH WERDE DIR DIE WÜNSCHE DEINES HERZENS ERFÜLLEN.

(NACH PSALM 37,4)

DENN ICH BIN ES, DER DIESE WÜNSCHE IN DICH HINEINGELEGT HAT.

(NACH PHILIPPER 2,13)

ICH KANN MEHR FÜR DICH TUN, ALS DU DIR VORSTELLEN KANNST.

(NACH EPHESER 3,20)

DENN ICH BIN DEIN GRÖSSTER ERMUTIGER.

(NACH 2. THESSALONICHER 2,16–17)

ICH BIN AUCH DER VATER, DER DICH IN ALLEN DEINEN SCHWIERIGKEITEN TRÖSTET.

(NACH 2. KORINTHER 1,3–4)

WENN DU ZERBROCHENEN HERZENS BIST, WERDE ICH DIR GANZ NAH SEIN.

(NACH PSALM 34,19)

WIE EIN HIRTE EIN LAMM AUF DEN SCHULTERN NACH HAUSE TRÄGT, SO TRAGE ICH DICH NAHE AN MEINEM HERZEN.

(NACH JESAJA 40,11)

EINES TAGES WERDE ICH JEDE TRÄNE VON DEINEN AUGEN WISCHEN.

(NACH OFFENBARUNG 21,4)

EIN LIEBESBRIEF GOTTES AN UNS
MEIN GELIEBTES KIND!

UND ICH WERDE ALLEN SCHMERZ WEGNEHMEN, DEN DU AUF DIESER ERDE ERLEIDEN MUSSTEST.

(NACH OFFENBARUNG 21,4)

ICH BIN DEIN VATER, UND ICH LIEBE DICH GENAUSO, WIE ICH MEINEN SOHN JESUS LIEBE.

(NACH JOHANNES 17,23)

IN JESUS IST MEINE LIEBE ZU DIR OFFENBART.

(NACH JOHANNES 17,26)

DENN ER IST DAS VOLLKOMMENE ABBILD MEINES WESENS.

(NACH HEBRÄER 1,3)

JESUS KAM, UM DIR ZU BEWEISEN, DASS ICH FÜR DICH UND NICHT GEGEN DICH BIN.

(NACH RÖMER 8,31)

UND UM DIR ZU SAGEN, DASS ICH NICHT DEINE SÜNDEN ZÄHLE.

(NACH 2. KORINTHER 5,19)

JESUS STARB, DAMIT DU UND ICH MITEINANDER VERSÖHNT WERDEN KÖNNEN.

(NACH 2. KORINTHER 5,18)

JESU TOD WAR DER TIEFSTE AUSDRUCK MEINER LIEBE ZU DIR.

(NACH 1. JOHANNES 4,10)

ICH GAB ALLES HIN, WAS ICH LIEBTE, UM DEINE LIEBE ZU GEWINNEN.

(NACH RÖMER 8,32)

WENN DU DAS GESCHENK
MEINES SOHNES ANNIMMST,
DANN NIMMST DU MICH AN.

(NACH 1. JOHANNES 2,23)

UND NICHTS
KANN DICH JEMALS WIEDER
VON MEINER LIEBE TRENNEN.

(NACH RÖMER 8,39)

KOMM NACH HAUSE, UND ICH WERDE
IM HIMMEL EIN GROSSES FEST
VERANSTALTEN.

(NACH LUKAS 15,7)

ICH BIN IMMER DEIN VATER
GEWESEN, UND ICH WERDE IMMER
DEIN VATER BLEIBEN.

(NACH EPHESER 3,14–15)

MEINE FRAGE IST: WILLST DU MEIN KIND SEIN?

(NACH JOHANNES 1,12)

ICH WARTE AUF DICH.

(LUKAS 15,11–32)

ES IST MEIN VERLANGEN, DICH MIT LIEBE
ZU ÜBERSCHÜTTEN. EINFACH, WEIL DU MEIN
KIND BIST UND ICH DEIN VATER BIN.

(NACH 1. JOHANNES 3,1)

IN LIEBE,
DEIN PAPA IM HIMMEL,
DER ALLMÄCHTIGE GOTT

123

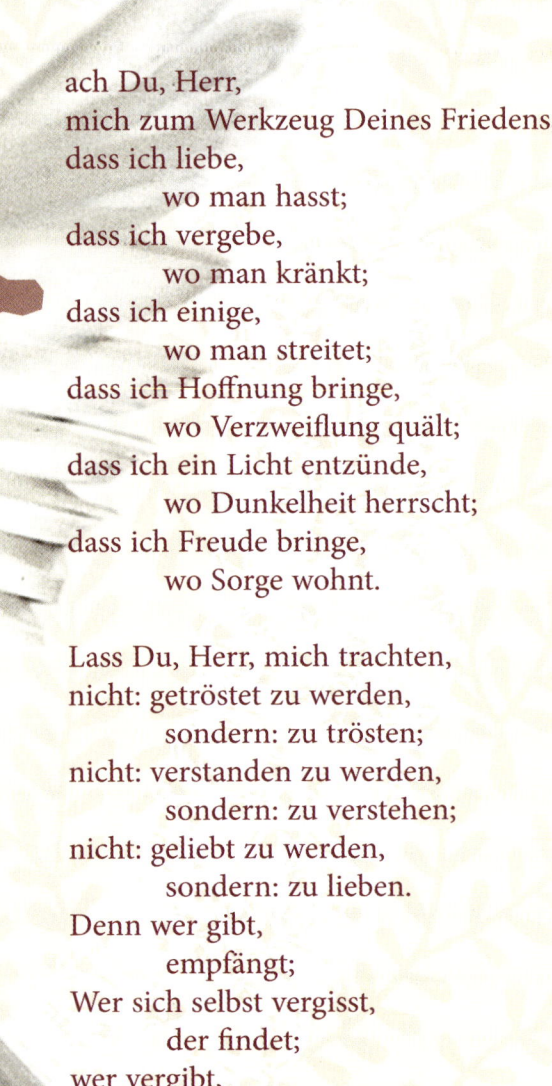

Mach Du, Herr,
mich zum Werkzeug Deines Friedens,
dass ich liebe,
  wo man hasst;
dass ich vergebe,
  wo man kränkt;
dass ich einige,
  wo man streitet;
dass ich Hoffnung bringe,
  wo Verzweiflung quält;
dass ich ein Licht entzünde,
  wo Dunkelheit herrscht;
dass ich Freude bringe,
  wo Sorge wohnt.

Lass Du, Herr, mich trachten,
nicht: getröstet zu werden,
  sondern: zu trösten;
nicht: verstanden zu werden,
  sondern: zu verstehen;
nicht: geliebt zu werden,
  sondern: zu lieben.
Denn wer gibt,
  empfängt;
Wer sich selbst vergisst,
  der findet;
wer vergibt,
  erlangt Vergebung;
und wer stirbt,
  wird geboren zum ewigen Leben.
Amen.
(nach Franz von Assisi)

MACH MICH
ZUM
WERKZEUG
DEINES
FRIEDENS

125

DU ERQUICKST MEINE SEE

126

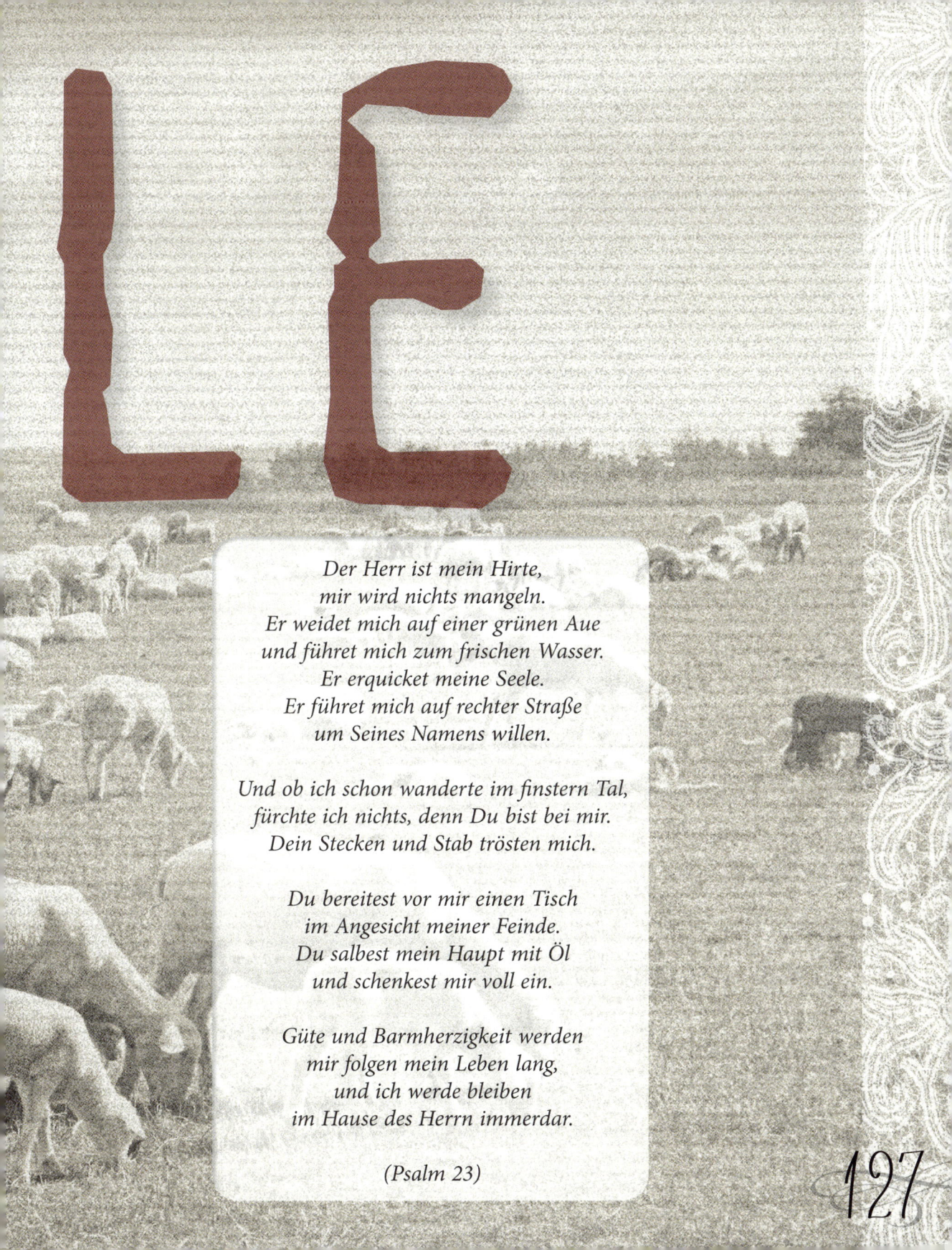

LE

Der Herr ist mein Hirte,
mir wird nichts mangeln.
Er weidet mich auf einer grünen Aue
und führet mich zum frischen Wasser.
Er erquicket meine Seele.
Er führet mich auf rechter Straße
um Seines Namens willen.

Und ob ich schon wanderte im finstern Tal,
fürchte ich nichts, denn Du bist bei mir.
Dein Stecken und Stab trösten mich.

Du bereitest vor mir einen Tisch
im Angesicht meiner Feinde.
Du salbest mein Haupt mit Öl
und schenkest mir voll ein.

Güte und Barmherzigkeit werden
mir folgen mein Leben lang,
und ich werde bleiben
im Hause des Herrn immerdar.

(Psalm 23)

127

DAS GEBET

UNSER VATER IM HIMMEL,
DEIN NAME WERDE GEHEILIGT.
DEIN REICH KOMME.
DEIN WILLE GESCHEHE WIE IM HIMMEL SO AUF ERDEN.

UNSER TÄGLICHES BROT GIB UNS HEUTE.

UND VERGIB UNS UNSERE SCHULD,
WIE AUCH WIR VERGEBEN UNSEREN SCHULDIGERN.

UND FÜHRE UNS NICHT IN VERSUCHUNG,
SONDERN ERLÖSE UNS VON DEM BÖSEN.

DENN DEIN IST DAS REICH
UND DIE KRAFT
UND DIE HERRLICHKEIT
IN EWIGKEIT.

AMEN.

(MATTHÄUS 6,9–13)

ALLER GEBETE

Jesus Christus, ich glaube, dass Du Gottes Sohn bist. Danke, dass Du am Kreuz von Golgatha für meine Schuld gestorben bist. Bitte vergib mir, dass ich bis jetzt ohne Dich gelebt habe. Ich übergebe Dir jetzt mein Leben und will Dir nachfolgen. Bitte schenke mir Weisheit, Wahrheit und Erkenntnis sowie Deinen Heiligen Geist. Sei Du mein ständiger Begleiter. Sei Du mein Retter und mein Herr. Komme jetzt in mein Herz und führe mich durch mein Leben. Verändere mich so, wie Du mich haben willst. Amen.

EIN

ÜBERGABE-GEBET

1. GEBET: SPRICH UND REDE JEDEN TAG MIT GOTT.
2. BIBELSTUDIUM: LIES GOTTES WORT UND MACHE ES ZUR GRUNDLAGE DEINES LEBENS.
3. FINDE CHRISTEN, DIE DICH IM GLAUBEN UNTERSTÜTZEN. SUCHE DIR EINE CHRISTLICHE GEMEINDE, IN DER DU DICH WOHLFÜHLST, UND LASSE DICH TAUFEN.

132

AARONI- TISCHER SEGEN

DER HERR SEGNE DICH
UND BEWAHRE DICH!
DER HERR WENDE SICH DIR IN LIEBE ZU
UND ZEIGE DIR SEIN ERBARMEN!
DER HERR SEI DIR NAH
UND GEBE DIR FRIEDEN!

(NACH 4. MOSE 6,24–26; EINE ANWEISUNG GOTTES, WIE
AARON UND SEINE SÖHNE DAS VOLK ISRAEL SEGNEN SOLLEN)

133

DIE WÜSTE HINTER SICH LASSEN

Du bist meine Hoffnung, mein Fels, meine Hilfe und mein Schutz. Gelobt sei der Name Gottes von Ewigkeit zu Ewigkeit, denn Dir gehören Weisheit und Stärke. Dank sei Dir, Herr, denn Du bist freundlich und Deine Güte währet ewiglich. Gott, ich hoffe auf Dich und spreche: Du bist mein Gott. Meine Zeit steht in Deinen Händen. Dein Segen, Herr, macht reich ohne Mühe. Der Lohn der Demut und der Furcht vor Dir, Herr, ist Reichtum, Ehre und Leben. Wenn aber Du das Gras, das heute auf dem Feld steht und morgen in den Ofen geworfen wird, so kleidest, wie viel mehr mich, ich Kleingläubige!

Die Fülle des Meeres wird sich zu mir wenden, der Reichtum der Nationen zu mir kommen.

Du, Gott, aber wirst mir alles, dessen ich bedarf, geben nach Deinem Reichtum in Herrlichkeit in Christus Jesus. Denn Du bist mein Versorger und meine Quelle.

Du bist der Herr, mein Gott, der mich lehrt zu meinem Nutzen, der mich leitet auf dem Weg, den ich gehen soll. Und ich will Dir, meinem Gott, dienen: So wirst Du mein Brot und Wasser segnen, und Du wirst mich tragen in gesunden und in kranken Tagen. Denn die Schrift sagt: Jeder, der an Dich glaubt, wird nicht zuschanden werden. Und habe ich meine Lust an Dir, Herr, so wirst Du mir geben, was mein Herz im Tiefsten begehrt.

Ich liege und schlafe ganz in Frieden; denn allein Du, Herr, hilfst mir, dass ich sicher wohne. Ich bin um nichts besorgt, sondern in allem sollen durch Gebet und Flehen mit Danksagung meine Anliegen vor Dir kund werden. Ich will jede Gelegenheit nutzen, Gutes zu tun. Und Dein Friede, der allen Verstand übersteigt, wird mein Herz und meine Gedanken bewahren in Jesus Christus.

Schaffe in mir, Gott, ein reines Herz und gib mir einen neuen, beständigen

Geist. Ich bete um Erneuerung meiner Gedanken und meiner Gefühle. So dass ich dadurch Deinen Willen verstehen lerne. Ich will verliebt sein in Deinen Willen! Ich halte an nichts Altem fest, nein, ich will mein Leben verlieren, um Deinem Willen zu folgen. Ich will Dich, Jesus Christus, vorbehaltlos in mein Leben einladen. Beleuchte jeden Winkel meines Lebens und schaffe Ordnung in mir. Ich weihe Dir alles, meine Beziehungen, meine Arbeit, mein Geld, meine Altersvorsorge, einfach alles. Ich bin Gast auf dieser Erde; was mir gehört, gehört sowieso alles Dir.

Herr, öffne meine Lippen, so dass mein Mund Deinen Ruhm verkündige. Öffne meine Zunge für Dein Wort, für Dich, Jesus Christus. Lehre mich zu beten, zu leben, Dir zu dienen. Die Zeit, in der Wüste Runden zu drehen, ist jetzt vorbei. Ich will von der Mentalität des seelischen Austrocknens, der Niederlagen und des Sorgens in eine Mentalität der Freude und des Sieges kommen. Ich entscheide mich jetzt dafür. Dazu suche ich nichts als Dich, Gott Vater, und Deine Gerechtigkeit, und alles andere wird mir zufallen.

Gib mir eine heilige Gelassenheit. Gib mir Charakter und eine standfeste, tragfähige und stabile Persönlichkeit, die in Dir verwurzelt ist. Herr, ich will nicht an Dich glauben, sondern ich will Dir und Deinem Wort glauben, durch und durch. Ich bitte Dich, dass Du mich segnest und bereit machst. Denn ich will ein Leben in Heiligung und in Deiner Vollmacht führen.

Jesus, Du heilst meine Wunden und zeigst mir Menschen, die mir beim Heilungsprozess helfen können. Meine Gedanken beherrschen mich nicht mehr, sondern ich beherrsche sie. Ich erlange eine neue Freiheit in Dir. Ich bin eine Tochter des lebendigen Gottes und somit bevollmächtigt, gesegnet, ausgerüstet, um in den Werken zu leben, die Du für mich vorbereitet hast. Ich darf eine Durchlaufstation von himmlischer Kraft und göttlichem Leben sein. Ich darf andern ein Segen sein. Du hast Pläne für mich, die voller Zukunft und Hoffnung sind. Ich freue mich so sehr darüber!

BEGRIFFSERKLÄRUNGEN

ANBETUNG

Die Anbetung ist eine Form des Gebets. Sie lobt Gott und beschäftigt sich mit dem Charakter Gottes, also mit seiner Liebe und Geduld, seiner Freundlichkeit und Güte, seiner Größe, Macht und Herrlichkeit. Wenn wir Gott anbeten, bewundern wir seine Vollkommenheit und seine Heiligkeit.

BEKEHRUNG

Wenn wir unser Leben Jesus Christus anvertrauen, wenn wir ihn zu unserem Herrn machen, nimmt er alle Schuld von uns. Er schenkt uns ein völlig neues Denken und Empfinden. Wir erleben die Wiedergeburt. Ein wiedergeborener Christ ist ein geistlich neugeborener Mensch. Er ist nun ein Kind Gottes. Diese Wiedergeburt hat nichts mit der Reinkarnation des Hinduismus zu tun. Diese entspricht nicht der biblischen Auffassung von Wiedergeburt. Bekehrung geschieht nicht nur im Kopf, sondern vor allem im Herzen.

BERUFUNG

Gott hat besondere Aufgaben und Pläne für jeden einzelnen Menschen. Dazu schenkt er ihm auch die nötigen Gaben und Talente.

BETEN

Beten ist Reden mit Gott: mit dem himmlischen Vater, mit Jesus Christus, mit dem Heiligen Geist. Gebetsformen: Anbetung, Bitten, Buße tun, Dankgebet, Fürbitte, Klage, Lobpreis, Schweigen, Hören, Handeln («Ora et labora», «bete und arbeite»).

BIBEL

Die Bibel (oder Heilige Schrift oder Wort Gottes) ist ein dickes Buch, das aus vielen einzelnen Büchern besteht. Sie erklärt uns Gottes Pläne für die Menschheit und zeigt uns, wie Jesus Christus gelebt und was er gelehrt hat. Die Bibel ist das meistverkaufte Buch der Welt. Sie enthält 6000 Vorhersagen, davon ist gut die Hälfte bereits erfüllt. Es gibt leicht verständliche Übersetzungen, zum Beispiel: «Hoffnung für alle», «Die Gute Nachricht» oder «BasisBibel».

BUND

Ein Bund ist eine starke Verbindung zwischen zwei Partnern. Er ist unauflöslich. Gott hat mit Abraham und seinen Nachkommen einen Bund geschlossen.

BUSSE

Wenn wir uns schuldig fühlen, bitten wir Gott und/oder Menschen um Vergebung und ändern unser Verhalten.

CHRIST, CHRISTIN

Christen bekennen sich zum christlichen Glauben. Ihr Leiter und Lehrer ist Jesus Christus. Er vergibt ihnen ihre Schuld. Durch ihn ist die Tür offen zum Vater im Himmel und zum ewigen Leben. Die meisten Christen gehören Landeskirchen oder Freikirchen an. Christen beachten christliche Werte wie Ehrlichkeit, Versöhnlichkeit und Nächstenliebe und versuchen sie umzusetzen. Christen sind nicht fehlerlos und können recht unterschiedliche Meinungen vertreten. In den wichtigen Punkten sind sie sich aber einig.

CHRISTLICHES LAND

Europa ist durch christliche Werte geprägt, das zeigt sich zum Beispiel in den politischen Systemen und in der Gesetzgebung. Und in den Feiertagen!

DREIEINIGKEIT, GOTT VATER, JESUS, HEILIGER GEIST

Es gibt nur einen Gott, aber er zeigt sich uns als Gott Vater, als Gottes Sohn (Jesus) und als Heiliger Geist. Der Geist Gottes lehrt uns. Jesus hat die Schuld der Welt auf sich genommen am Kreuz. Und Gott Vater adoptiert uns als seine Kinder, wenn wir Jesus unser Leben anvertrauen. Jesus ist also die Pforte und der Weg zum Vater. Wer den Sohn Jesus erkennt, erkennt den Vater.

ENTSCHEIDUNG

Wir wählen aus verschiedenen Möglichkeiten einen Weg aus. Um sich zu entscheiden, braucht es nicht nur Gefühle oder Motivation, sondern vor allem auch den Willen.

ESOTERIK

Esoterik war ursprünglich der Name für einen inneren spirituellen Erkenntnisweg. Heute wird der Ausdruck für nicht erklärbare übersinnliche Erfahrungen gebraucht. Die Quelle solcher Erfahrungen ist definitiv nicht Jesus Christus.

FESTLEGUNG

Eine Festlegung ist das beharrliche Festhalten an einem Glaubens- oder Verhaltensmuster. Sie wird zur persönlichen Wahrheit und hindert den Menschen an seiner weiteren Entwicklung.

FÜRBITTE

Die Fürbitte ist eine Gebetsform. Wir bitten Gott um Hilfe, Führung und Segen für andere Menschen.

GABE, GEISTLICHE GABE

Geistliche Gaben werden vom Heiligen Geist geschenkt. Wir brauchen sie, um einem einzelnen Menschen oder ganzen Menschengruppen zu dienen. Dazu gehört zum Beispiel die Gabe des Glaubens, der Heilung, des Dienens, der Seelsorge, verschiedene Lehrgaben oder die Gabe, Gottes Reden zu verstehen.

GESETZLICHKEIT, GESETZLICH GLAUBEN

Gesetzlichkeit entsteht, wenn Gesetze und Regeln wichtiger werden als die Herzensbeziehung zu Gott. Gesetzliche Menschen glauben, sie könnten sich die Liebe Gottes erarbeiten durch gute Taten oder ein bestimmtes Verhalten. Sie verstehen manchmal nicht, dass Gott sie einfach nur beschenken möchte.

GÖTTER, GÖTZEN

«Ich bin der Herr, dein Gott. Du sollst keine anderen Götter neben mir haben.» Das ist Gottes erstes Gebot an uns Menschen. Alles, woran wir unser Herz hängen, kann zu einem Götzen werden: Materielles, eine Überzeugung, ein Lebensstil usw.

GOTTESBEZIEHUNG

Gottesbeziehung entsteht, weil Gott uns zu sich zieht. Wir antworten mit Glauben, mit Dankbarkeit und mit dem Wunsch, ihm zu gefallen. Es hilft uns, wenn wir Zeit mit ihm und mit anderen Christen verbringen sowie Gottes Wort lesen und darüber nachdenken. Und wenn wir nicht nur zu ihm kommen, wenn wir etwas wollen oder wünschen – sondern weil wir Liebe und Dankbarkeit ausdrücken möchten: dass er der ist, der er ist.

GOTTES SOHN

Jesus Christus wurde von Gott zu uns Menschen geschickt. Er wurde als Mensch geboren, lebte unter uns, lehrte uns, starb für uns am Kreuz, zeigte sich seinen Jüngern nach der Auferstehung und kehrte dann zurück zu seinem Vater im Himmel.

HEILAND

Heilbringer, Retter, Messias, Erlöser – das sind andere Namen für Jesus Christus.

HEILIGER GEIST

Der Heilige Geist ist Teil des dreieinigen Gottes: Vater, Sohn und Heiliger Geist. Er ist wie Jesus. Er vertritt Gott auf der Erde. Er ist unser Tröster, Helfer, Freund und Lehrer.

HEILUNG

Jesus heilte Menschen in der Kraft und Autorität Gottes und im Auftrag Gottes. Gott will, dass es den Menschen gut geht. Heilung ist mit Vergebung verknüpft. Gebet und Glaube sind nötig, um Heilung zu empfangen. Auch in unserer Zeit geschehen Heilungen an Körper, Seele und Geist. Doch Gott heilt manchmal auch nicht, weil er einen anderen Plan für unser Leben hat.

HUMANISMUS, HUMANISTISCH

Der Humanismus strebt nach Selbstverwirklichung und Selbstbestimmung. Humanisten glauben, alle Antworten in sich selbst zu finden. Sie glauben an die Evolution und nicht an die Schöpfung. Für Humanisten gibt es nur das Gute. Sie brauchen Gott nicht.

JESUS, JESUS CHRISTUS

Jesus Christus, der Messias, der Friedefürst, der Gesalbte, der Heiland, der Nazarener, der menschgewordene Sohn Gottes.

KAMPF

Der Teufel/Satan ist ein gefallener Engelsfürst, der nur ein Ziel hat, nämlich die Menschen und die Schöpfung zu zerstören. Sein Kampf gegen uns findet oft in unserem eigenen Herzen statt. Er greift uns an unserer schwächsten Stelle an, zum Beispiel mit Zweifeln, Verwirrung und Lügen. Jesus Christus hat den Teufel besiegt. Mit seiner Hilfe können wir Satans Angriffe erkennen und bekämpfen.

KIRCHE

Viele Menschen werfen Gott in den gleichen Topf wie die christliche Gemeinde. Christliche Kirchgemeinden bestehen aber aus Menschen, und Menschen sind unvollkommen. Vollkommen ist nur Gott.

KLAGEN

Wir können unseren Schmerz mit Klagen vor Gott bringen im Gebet. Die Bibel kennt zum Beispiel die «Klagelieder».

KREUZ VON GOLGATHA, KREUZIGUNG JESU

Jesus hat die Schuld der Menschen ans Kreuz hinaufgetragen. Er hat sich für uns geopfert, um uns mit Gott zu versöhnen. Wenn wir dieses Geschenk annehmen, haben wir freien Zugang zum Vater im Himmel und werden nach unserem Tod bei ihm sein.

LOBPREIS

Lobpreis ist eine Gebetsart. Wenn wir Gott loben und preisen, danken wir ihm für all das Gute, das er uns schenkt.

MESSIAS

Anderer Name für Jesus, bedeutet «Gesalbter».

NEUEN GEIST SCHENKEN

Wenn Gott uns seinen Geist schenkt, wird er viel realer für uns. Wir werden im Glauben gestärkt und verstehen die Bibel viel besser.

OKKULTISMUS

Okkultismus ist ein Überbegriff für verschiedene Praktiken und weltanschauliche Systeme. Okkult bedeutet etwa das Gleiche wie mystisch, übersinnlich, paranormal, esoterisch.

PERSÖNLICHE BEZIEHUNG ZU GOTT

Wer meint, ohne Jesus leben zu können, ist in Wirklichkeit getrennt von Gott. Jesus sagt: «Ich bin der Weg und die Wahrheit und das Leben; niemand kommt zum Vater als nur durch mich» (Johannes 14,6). Eine persönliche Beziehung zu Gott ist möglich, wenn wir Jesus unsere Schuld abgeben und ihn als unseren Herrn annehmen. Jesus ist die Pforte zu Gott.

SCHULD

Schuld ist das Gefühl und die Einsicht, dass wir etwas Falsches getan haben. Das Gewissen hilft uns dabei. Wenn wir Schuld empfinden und erkennen, bitten wir Gott um Vergebung. Er vergibt uns, wir danken ihm dafür und vergeben uns auch selber. Und wenn wir an anderen schuldig geworden sind, bitten wir sie um Vergebung.

SEELSORGE, SEELSORGEAUSBILDUNG

Seelsorge ist biblisch fundierte Therapie, Begleitung, Coaching, Ermutigung, Ermahnung, Befreiung und Tröstung. Die Beziehung zu Gott und die Heilung von seelischen Wunden spielt eine zentrale Rolle. Seelsorge ist nicht zu verwechseln mit Psychotherapie, aber in der Seelsorge kommen auch psychotherapeutische Methoden zur Anwendung.

SEIN LEBEN JESUS ÜBERGEBEN

Es ist existenziell wichtig, sein Leben Jesus zu übergeben. Wir sagen ihm, dass wir ihn kennen lernen wollen. Wir öffnen ihm unser Herz und bitten ihn, alle unsere Schuld zu vergeben. Wir empfangen seine Vergebung und danken ihm dafür. Dann bitten wir ihn, als unser Herr in unser Leben zu kommen. Wir stellen uns ganz unter seine Herrschaft und trennen uns von allem Verkehrten. Schließlich bitten wir ihn, uns mit seinem Geist zu erfüllen. Siehe Übergabegebet auf Seite 130–131.

SINN DES LEBENS

Jesus bringt Sinn in unser Leben. Er nimmt uns an und schenkt uns Hoffnung und Zukunft.

SPIRITUALITÄT

Spiritualität ist ein viel benutzter Begriff und bedeutet im weitesten Sinne Geistigkeit aller Art. Der Begriff steht für die Vorstellung einer geistigen Verbindung zum Transzendenten, dem Jenseits oder der Unendlichkeit. Wird allerdings auch von Esoterikern benutzt.

STILLE ZEIT

Manche Christen suchen sich einen ruhigen Ort zum Bibellesen und fürs Gebet.

SUCHT

Wenn wir immer wieder tun müssen, was uns schadet, sprechen wir von Sucht. Sucht ist stärker als die Willenskraft des Menschen. In der Bibel steht: «Alles ist mir erlaubt, aber nicht alles dient zum Guten. Alles ist mir erlaubt, aber es soll mich nichts gefangen nehmen» (1. Korinther 6,12). Außerdem: «Da, wo der Geist des Herrn ist, da ist Freiheit.» Bei Gott gibt es also keine Sucht, keine Abhängigkeit, keinen Missbrauch und keine Gefangenschaft, die er nicht überwinden könnte. Es gibt Hilfen für Suchtabhängige, zum Beispiel beim Blauen Kreuz für Alkoholkranke.

SÜNDE

Vielen Menschen ist Gott egal. Sie denken, sie meistern ihr Leben ohne ihn. Oder sie versuchen, durch eigene Anstrengungen bessere Menschen zu werden. Andere geben sich Mühe, alles richtig zu machen, aber sie können es nicht. In unseren Gedanken und Gefühlen und mit unseren Worten und Taten verstoßen wir täglich gegen Gottes Gebote. Wir machen uns schuldig, wir sündigen. Deshalb hat Gott Jesus Christus zu uns Menschen geschickt. Jesus hat die Strafe für unsere Sünden auf sich genommen. Am Kreuz hat er dafür mit dem Leben bezahlt. Wenn wir dieses Geschenk annehmen, löscht Jesus jede Sünde aus unserem Leben und schenkt uns großen Frieden.

TAUFE, KINDSTAUFE, ERWACHSENENTAUFE

Viele Kirchen kennen die Kindstaufe. In den Freikirchen werden die Kinder meistens einfach gesegnet. Sie lassen sich aber später taufen, wenn sie sich für ein Leben mit Jesus entschieden haben.

ÜBERGABE-GEBET

Siehe Seite 130–131.

VERGEBUNG

Im Vaterunser steht: «Und vergib uns unsere Schuld, wie auch wir vergeben unsern Schuldigern.» Wenn wir Gott bitten, vergibt er uns. Genauso sollen wir anderen Menschen vergeben und auch uns selbst, und zwar immer wieder. Dazu braucht es unseren Willen und manchmal etwas Zeit. Aber: Vergebung und Versöhnung bringen Freiheit und Heilung in unser Leben.

VERSÖHNUNG

Vergebung ist der erste Schritt zur Versöhnung, bei der belastete und zerbrochene Beziehungen wiederhergestellt werden.

WIEDERGEBURT

«Jeder, der glaubt, dass Jesus der Christus ist, ist aus Gott geboren.» Wenn Jesus unser Herr wird, beginnt ein neues Leben. Unser Innerstes, unser Geist, wird von Gottes Geist geweckt und erfüllt. Wir erkennen, dass wir Kinder des himmlischen Vaters sind, und empfangen ein neues Denken und Empfinden.

WORT GOTTES

Anderes Wort für Bibel bzw. Heilige Schrift oder nur Schrift.

WUNDER

Wenn Dinge passieren, die sich nicht erklären lassen und Gott dabei die Hand im Spiel hat, sprechen wir von göttlichen Wundern. Die Bibel ist voll von Wundergeschichten. Sie erzählt von Rettungswundern, Versorgungswundern, Heilungswundern und Schöpfungswundern. Bei Jesus waren Wunder alltäglich. Damit hat er die Kraft Gottes demonstriert. Auch in unserer Zeit tut Gott Wunder. Menschen erleben sein Eingreifen, ganz besonders wenn sie in großer Not sind.

RAUM
FÜR
EIGENE
GEDANKEN

139

Bibliografische Information der Deutschen Nationalbibliothek
Die Deutsche Nationalbibliothek verzeichnet diese Publikation in der Deutschen Nationalbibliografie;
detaillierte bibliografische Daten sind im Internet über www.dnb.de abrufbar.

Die Bibelstellen wurden folgenden Übersetzungen entnommen:

Gute-Nachricht-Bibel © 1997 Deutsche Bibelgesellschaft, Stuttgart
Hoffnung für alle © 1983, 1996, 2002 Biblica, Inc.®,
hrsg. von Fontis – Brunnen Basel
Lutherbibel © 1984 Deutsche Bibelgesellschaft, Stuttgart
Neue Genfer Übersetzung © 2011 Genfer Bibelgesellschaft

© 2015 by Fontis – Brunnen Basel

Umschlag: Claudia Larsen
mit Georg und Renate Lehmacher, Friedberg
Foto Umschlag: Claudia Larsen
Grafische Gestaltung: Claudia Larsen & Zoë Bee, sowie Georg und Renate Lehmacher, Buchgestaltung/Werbung/Webdesign, Friedberg
Fotos Innenteil, Seite 1 bis 117: Claudia Larsen
Weitere Fotos Seite 1 bis 117: Renate und Georg Lehmacher: Rose 6, 27, 67, Blatt 15, 70/71, Knöpfe 18/19, Papierschiffchen 20/21, Gummibärchen 34/35,
Blüte 39/40, Post-it 39/40, Servierdeckchen 40/41, Teetasse 40/41, Stab 96/97, Krone 112/113
Fotos Innenteil, Seite 118 bis 140: Georg Lehmacher: 118/119, 120/121, 122/123, 126/127, 128/129, 130/131, 139; Claudia Larsen: 132/133, 134/135; Panther-
Media: 132/133, 134/135, 138/139, 140
Ornamente, Papierstrukturen, Risskanten u.ä. im Buch:
Dover Collection, Baroque: 2/3, 44/45, 48/49, 58/59, 69, 72/73, 78/79, 80/81, 82/83, 86/87, 92/93, 102/103; Dover Collection Ornaments 2: 20/21, 22/23, 64;
Dover Collection: 62, 80/81,
Digital Paper Collection: 4/5, 6/7, 8/9, 12/13, 14/15, 16/17, 20/21, 24/25, 28/29, 34/35, 39/40, 46/47, 48/49, 61, 64, 69, 74/75, 76/77, 78/79, 80/81, 86/87,
90/91, 92/93, 114/115, 116/117; Fotolia: 36/37, 88; Grafix Vorlagenbuch Muster: 19, 40/41, 50/51, 67, 134/135; Archiv Georg Lehmacher: 2/3, 4/5, 6/7, 8/9,
10/11, 12/13, 16/17, 18/19, 25/25, 28/29, 36/37, 42/43, 44/45, 48/49, 50/51, 52/53, 54/55, 56/57, 61, 70/71, 72/73, 82/83, 84/85, 94/95, 96/97, 89/99, 100/101,
104/105, 106/107, 108/109, 110/111, 112/113, 124/125, 126/127, 128/129, 130/131, 132/133, 134/135, 136/137 sowie der auf vielen Seiten enthaltene Film-
streifen, Letraset: 2/3, 8/9, 24/25, 32/33, 39/40, 112/113; MEV: 124; PantherMedia: 26/27, 58/59, 61, 86/87, 100/101, 118/119, 120/121, 122/123; PhotoDisc:
104, 106/107; Visual Symbols: 102/103

Satz: Georg und Renate Lehmacher, Buchgestaltung/Werbung/Webdesign, Friedberg
Druck: Finidr
Gedruckt in der Tschechischen Republik

ISBN 978-3-03848-037-2